Adolf Wohlwill

Die Anfänge der landständischen Verfassung im Bistum Lüttich

Erstes Buch

Adolf Wohlwill

Die Anfänge der landständischen Verfassung im Bistum Lüttich
Erstes Buch

ISBN/EAN: 9783743647770

Hergestellt in Europa, USA, Kanada, Australien, Japan

Cover: Foto ©ninafisch / pixelio.de

Weitere Bücher finden Sie auf **www.hansebooks.com**

Die Anfänge

der

landständischen Verfassung

im Bisthum Lüttich.

(Erstes Buch.)

Abhandlung

zur Erlangung der philosophischen Doctorwürde

bei der

Georg-August-Universität zu Göttingen

von

Adolf Wohlwill

aus Hamburg.

HAMBURG, 1867.

Die Anfänge

der

landständischen Verfassung

im Bisthum Lüttich.

Aufgabe der vorliegenden Abhandlung ist es, die landständische Verfassung des Fürstenthums Lüttich in ihren Anfängen zur Darstellung zu bringen, auf die Elemente hinzuweisen, aus denen sie sich allmälig entwickelt und ihre Fortbildung bis zur Mitte des vierzehnten Jahrhunderts zu verfolgen.

Die Anhänglichkeit, mit welcher die Angehörigen des Territoriums bis in die Neuzeit an dieser Verfassung festhielten, ist uns Bürgschaft dafür, dass sie den politischen Bedürfnissen des Landes genügte. Die lange Fortdauer derselben, der innige Zusammenhang, in welchem sie zu der gesammten staatlichen und ständischen Entwicklung der Bevölkerung stand, macht sie an sich schon zu einer höchst merkwürdigen und historisch lehrreichen Erscheinung.

Dazu kommt, dass sich im Lüttich'schen von der Ausbildung einer landständischen Verfassung ältere Spuren und Denkmäler nachweisen lassen, als in den meisten übrigen Fürstenthümern des deutschen Reichs.

Die nähere Betrachtung ihres Ursprungs ist daher vielleicht nicht ganz ungeeignet, um die schwierige Frage nach der Entstehung mittelalterlicher Landstände in einigen Beziehungen der Lösung näher zu bringen.

Nicht im Einklang ist der Gang der Lütticher Geschichte mit der Ansicht derer, welche die Bildung landständischer Gewalten ausschliesslich aus den Erfordernissen des Steuerwesens erklären, die in den ständischen Rechten und Freiheiten nur Errungenschaften des Augenblicks sehen, wie sie den Fürsten in Verhältnissen der Noth und Bedrängniss abgetrotzt oder abgehandelt wurden. Davon findet sich im Lüttich'schen umsoweniger eine Spur, als dort während des ganzen Mittelalters eine regelmässige Landesabgabe nicht vorhanden war, und auch eine aussergewöhnliche Forderung und Zahlung dieser Art stets ausdrücklich als Abweichung von Sitte und Herkommen bezeichnet wurde.

Aber auch die Ansicht derer, welche die Landstände des Mittelalters auf fränkische oder gar altgermanische Verhältnisse zurückführen, findet in Lüttich keine vollständige Bestätigung. Mag es auch sein, dass gewisse Traditionen von der Theilnahme des freien Mannes an der Jurisdiction und Gesetzgebung sich auch in jener Gegend lebendig im Volksbewusstsein erhalten hatten: so ist doch überhaupt das geistliche Fürstenthum und Territorium, dem jene Verfassung angehörte, zu sehr eine Neubildung des Mittelalters, als dass hier von unmittelbarer Uebertragung und Fortbildung altdeutscher Institutionen die Rede sein könnte. — Der Begriff der Landstände erfordert vor Allem ein Land, dessen Stände gewisse besondere oder gemeinsame Rechte dem Landesherrn gegenüber zu wahren oder auszuüben haben. Bekannt aber ist, wie langsam aus einzelnen Besitzungen der Kirche, aufgetragenen Gütern und Amtsbezirken ein geistliches Territorium zusammengewachsen, wie allmälig sich der Uebergang von der Immunität des Kirchengebiets bis zur **Landeshoheit** des Kirchenvorstehers vollzogen hat. Mochte in dieser Hinsicht im Bisthum Lüttich auch schon durch die Ottonischen Privilegien ein bedeutsamer Anfang begründet sein: so waren doch die Herrschafts- und Hoheitsrechte des Bischofs, wie den einzelnen Ständen und Theilen des Landes gegenüber aus verschiedenem Ursprung entstanden, so auch in verschiedener Art und Ausdehnung geübt. Ferner war der Bereich seiner Herrschaft keineswegs so abgeschlossen, dass nicht innerhalb des Kirchengebiets auch vom Bischof unabhängige Gewalten fortbestanden, dass nicht andrerseits einzelne Befugnisse desselben über dies Gebiet hinaus in die Machtsphäre anderer Fürsten und Herrn hineingeragt hätten.

Statt der Verfassung eines Landes vermögen wir noch im 12. Jahrhundert nur ein Neben- und Durcheinander einzelner Rechte und Ansprüche zu erkennen, die mitunter im Einklang sind, sich ergänzen und verstärken, ebenso oft aber einander beschränken oder gar widerstreiten.

Erst indem allmälig eine schärfere Aussonderung des Lütticher Territoriums von den übrigen Theilen des Reichs erfolgte, konnten die verschiedenartigen Elemente und Gewalten innerhalb desselben nach mancherlei Ringen und Kämpfen zur Ausgleichung gelangen; das Recht der Fürsten ward fester normirt, dem gegenüber aber auch ein gewisses Recht der Stände zur Anerkennung gebracht.

Wir haben die so entstehende Verfassungsordnung weder ausschliesslich als Geschenk der Fürsten zu betrachten, noch als Errungenschaft irgend eines der betheiligten Factoren, der Kirche, der Ritterschaft oder der Städte-Einungen: alle diese Elemente haben gleichmässig zusammengewirkt, damit aus dem bunten Gewirr von öffentlichen und privaten Befugnissen, von Sonderrechten und Sonderprivilegien ein gemeinsames Landesrecht hervorgehen konnte. Auch die uns erhaltenen Verfassungsurkunden begründen niemals vollständig neues Recht: sie sind theils der Ausdruck bestehender Verhältnisse, theils Erfüllung und Abschluss von politischen Bestrebungen und Aufgaben, die sich aus dem ständischen und staatlichen Leben ergeben hatten.

Diese Entwicklung, die im Laufe des 13. Jahrhunderts zuerst in deutlichen Zügen hervortritt und zur Zeit Adolfs von der Mark und seiner nächsten Nachfolger einen gewissen Abschluss erreicht, soll im Folgenden einer näheren Prüfung unterworfen werden.

Es gilt dabei, in einem ersten Abschnitt die weltlichen Rechte des Bischofs und seiner Kirche, die Beziehungen derselben zu jedem einzelnen Stand des Territoriums besonders festzustellen und in den letzteren zugleich die Keime für die spätere Ausbildung landständischer Rechte aufzusuchen.

In einem zweiten Theil wagen wir den Versuch, die Entwicklung der Landesverfassung selbst zur Darstellung zu bringen; es umfasst derselbe 1) eine Zusammenstellung der ältesten Zeugnisse, die sich für eine gemeinsame Thätigkeit und gemeinsame Rechte aller drei Stände bis gegen Ende des 13. Jahrhunderts auffinden lassen, 2) einen Ueberblick der Verfassungskämpfe zur Zeit Adolfs von der Mark, durch welche jene Rechte erst zu dauernder Bedeutung gelangten und 3) einen Abriss sämmtlicher Verfassungsrechte, wie dieselben von den Ständen im Laufe des 14. Jahrhunderts geübt und zur Ausbildung gebracht wurden.

Erstes Buch.

Das Fürstenthum Lüttich und die einzelnen Stände desselben
(besonders während des 13. Jahrhunderts).

Erstes Kapitel.
Das Hochstift Lüttich und seine Angehörigen.

Den Ausgangspunkt nicht nur für die geistlichen, sondern auch für die weltlichen Verhältnisse der Landschaft bildet die Kirche des heiligen Lambertus zu Lüttich. Zahlreiche Schenkungen von Gütern, welche dieser, als der bischöflichen Cathedrale, von fränkischen und deutschen Königen zuerkannt und bestätigt wurden, bilden den Ursprung des Lüttich'schen Territoriums. Häufige Auftragungen vermehrten den Umfang dieser Besitzungen, die durch Ertheilung der Immunität aus dem Gauverbande losgelöst wurden [1]. Waren diese ursprünglich vielfach zerstreut und zersplittert, so geschah ein bedeutsamer

---

[1] Vgl. Chapeaville: Gesta pontif. Tungrensium. Trajectensium et Leodiensium 1. 209 die Urkunde Otto's II. vom Jahr 981: „— *super universas possessiones ejusdem matris ecclesiæ — — ut omni publica potestate exclusa in manu episcopi singulariter consistant.*"

Schritt zur Abrundung des Gebiets, indem einerseits die Gerichtsbarkeit über Freie und Unfreie nicht nur auf den Gütern der Kirche, sondern überhaupt in dem Umkreis, in welchem dieselben belegen, an das Stift kam [1]); und indem weiter das Grafenamt [2]) und eine Reihe von Hoheits- und Nutzungsrechten über benachbarte Bezirke demselben übertragen wurde.

Alle jene Besitzungen und Rechte waren der Kirche des hl. Lambertus, oder — nach der Auffassung und dem Ausdruck der Urkunden — diesem Heiligen selbst dargebracht worden. Scheint nun aber auch in älterer Zeit ausschliesslich dem Bischof, als Vertreter der Kirche, die Verwaltung und Handhabung der Einkünfte und Befugnisse zugestanden zu haben; so war ein unbeschränktes Verfügungsrecht schon dadurch ausgeschlossen, dass er eben nur als Vorsteher des Stifts über jene Besitzungen schaltete, dass dieselben den Charakter von Kirchengütern nie verloren hatten [3]). Dem Bischof lag es ob, eben mittelst jener reichen Dotirung für die Interessen des Stifts, für die Erhaltung des Clerus Sorge zu tragen; und wenn auch schon im 9. Jahrhundert Schenkungen vorkamen, deren Ertrag speciell für die Geistlichen der

---

[1]) Vgl. die Urkunde Otto's II. Chap. II. 209 und die Heinrich's II. Chap. I. 212.

[2]). Zu den ältesten der Kirche übertragenen Grafschaften gehört der *comitatus de Brunongerunz* (Chap. I. 211), der *comtiatus Hoyensis* (Chap. I. 216) und der *comitatus nomine Haspinga* (Chap. I. 279).

[3]) In den Schlussformeln der Schenkungen Chap. I. 161: „*liberam ac firmissimam in omnibus, sicut de aliis suæ ecclesiæ rebus, habeant potestatem faciendi*" und Chap. I. 168: „*libero, quemadmodum ex aliis ecclesiasticis rebus, in faciendo potiantur arbitrio*" ist durch die Bestimmung „wie bei den übrigen Kirchengütern" eine Bestätigung, aber auch gleichzeitig eine Einschränkung der *libera potestas* und des *liberum arbitrium* gegeben.

Cathedrale bestimmt war [1]), so scheint es doch, dass in Lüttich, wie in andern Stiftern, längere Zeit ein klösterliches Zusammenleben des Bischofs und seiner Canoniker aufrecht erhalten, und der Bedarf desselben aus dem gemeinsamen Kirchengut bestritten ward. Darin trat freilich zur Zeit des Bischofs Notger eine Aenderung ein. Dem Bericht des Anselmus zufolge hat dieser Bischof ein Drittel des Kirchenbesitzes als Mensalgut für sich und seine Nachfolger ausgeschieden, ein Drittel für die Cathedrale und die übrigen Kirchen und Klöster bestimmt und ein letztes Drittel der Ritterschaft, d. h. wohl Vasallen und Ministerialen zuerkannt [2]). So war eine Reihe von Gütercomplexen gebildet, die in wesentlichen Beziehungen vollständig unabhängig von einander wurden. Nicht nur dass der Bischof selbständig über seine Güter schaltete, auch den Kirchen und Abteien stand es frei, die ihnen zuertheilten Güter zu Lehen zu geben, oder einzelne Besitzungen als Pfründen für ihre Würdenträger oder sonstige Zwecke auszuscheiden. Nicht minder übten die Ritter das Recht, ihre Besitzungen als Afterlehen oder Zinsgut weiter auszugeben. Ja es war mit dem gesonderten Besitz zugleich auch eine Uebertragung der Gerichtsbarkeit verbunden, da den Grundherrn immer auch das Recht zustand, in den ihnen zugehörigen Ortschaften Schultheiss und Schöffen einzusetzen. Immerhin handelte es sich bei jener Theilung nur um Trennung des Grundbesitzes (der *praedia eccle-*

---

[1]) Vgl. die Urkunde Karls des Dicken. Chap. L 161.
[2]) Anselmus b. Pertz: Mon. G. hist. SS. VII. 206. „*in tres aequas portiones praedia ecclesiastica divisit, quarum unam sibi suisque successoribus retinuit, alteram ecclesiis et monasteriis impertiit, tertiam militibus, qui ecclesiam armis protegerent, habere concessit.*"

statica) und der unmittelbar mit demselben verbundenen Rechte und Einkünfte; schwerlich aber um jene Gebiete über welche nur Vogtei oder Grafengewalt der Kirche zugewiesen war. Ueber diese übte nur der Bischof eine gewisse Herrschaft aus. Ueberhaupt lag es diesem ausschliesslich ob, die eigentlichen Hoheitsrechte zu handhaben, welche an das Stift gekommen und durch kaiserliche Belehnung jedem Vorsteher desselben aufs neue übertragen wurden.

Indem er vom Oberhaupte des Reichs die Regalien empfing, erhielt er nicht nur auf den eigentlichen Kirchenbesitzungen, sondern innerhalb des gesammten Gebiets, das der Hoheit des Stiftes unterlag. ebenso über alle Vasallen und Ministerialen der Kirche das Recht eines obersten Gerichts- und Lehensherrn; wodurch eine der Machtstellung weltlicher Fürsten nahekommende Obergewalt begründet ward. Wenn freilich Letztere ihre fürstlichen Rechte theils innerhalb ihrer Allodien übten, theils über Lehngüter und Amtsbezirke, die ihrem Hause mehr und mehr als Erbtheil zugewiesen, so ist es nicht bedeutungslos, dass innerhalb der geistlichen Territorien nicht nur die liegenden Güter, sondern auch die Hoheits- und Nutzungsrechte als Erbtheil des Stifts betrachtet wurden. Dieser Unterschied ward um so wichtiger, je mehr die Domherrn neben dem Bischof als Inhaber und Vertreter der Stiftsrechte zu Ansehn gelangten. Wie überall haben dieselben auch im Lüttich'schen nur allmälig einen bedeutsameren Einfluss auf die allgemeinen Angelegenheiten der Kirche gewonnen. In älterer Zeit. in geistlichen, wie weltlichen Sachen die natürlichen Rathgeber des Bischofs, erschienen die vorzüglichsten Mitglieder des Capitels als Zeugen bei bischöflichen Erlassen und Regierungshandlungen. Weiteren Einfluss sicherte ihnen das seit dem 12. Jahrhundert zur Geltung gelangte Recht der Wahl, so wie die später ihnen ausschliesslich zugestandene Verwaltung während der Vacanz; und in dem von uns zu behandelnden Zeitraum, im Beginn des 13. Jahrhunderts war ihr Antheil an der Leitung des gesammten kirchlichen Gebiets auch bei Lebzeiten des Bischofs bereits ein hergebrachtes Recht, dessen Nichtbeachtung zur Appellation bei der päpstlichen Curie Anlass gab[1]) Wenn Besitz und weltliche Macht des geistlichen Fürstenthums eben nur aus Schenkungen und Verleihungen entstanden, welche dem Stift des heiligen Lambertus dargebracht waren; so beanspruchten die Capitularen seiner Kirche es als ihre Pflicht und Befugniss, neben dem Bischof das Erbtheil des Heiligen zu wahren und zu vertreten. Das Recht der Domherrn erstreckte sich vor Allem auf den Grundbesitz der Kirche. Ohne ihre Zustimmung durfte der Bischof sein Mensalgut nicht veräussern und nicht belasten, denn jene hatten dafür einzustehen, dass es unverändert den künftigen Bischöfen überliefert wurde. Aber auch die mit dem Grundbesitz nicht unmittelbar zusammenhängenden Rechte übte der Bischof gewissermassen nur im Namen und Auftrag der Kirche und ihres Heiligen; lag es daher den Domherrn ob, die dauernden Interessen des Stifts auch dem Bischof gegenüber zu wahren und aufrecht zu erhalten, so leitete sich daraus der Anspruch her, auch bei den eigentlichen Regierungsacten dem Bischof, wenn nicht immer mithandelnd, so doch berathend und controllirend zur Seite zu stehen.

---

[1]) Vergleiche die unten näher zu besprechende Urkunde von Innocenz III., Liber Cartarum ecclesiæ Leod. Nr. 116.

Bischof und Capitel sind auch in weltlicher Hinsicht die gemeinsamen Vertreter und Regenten des Stifts, dessen Macht und Reichthum seit den Tagen Notgers in und auch ausserhalb der Diöcese in steter Zunahme begriffen war. Eine Reihe der angesehensten Fürsten und Herren Niederlothringens, darunter die Herzöge von Brabant und Limburg, die Grafen von Flandern, von Namur, von Berg, von Geldern werden als Pairs des hl. Lambertus bezeichnet[1]). Ueberhaupt war die Mehrzahl der freien Herren des Sprengels zu Vasallen des Bischofs geworden, indem sie sich bald mit einzelnen Gütern des Stifts belehnen liessen, bald ihre eigenen Allodien oder einzelne Theile derselben auftrugen, um so des Schutzes der mächtigen Kirche theilhaftig zu werden.

Waren diese nur durch die Lehenspflicht an Bischof und Kirche gefesselt, so standen die Angehörigen des

---

[1]) Vergleiche darüber insbesondere Hemricourt: Patron delle temporaliteit (ungedruckter Theil): „*Et semblament dereis scavoir que Msgr. de Liege doit avoir 12 pere de Sainct Lambert et solloient jugier des fiefz de baronnies et nulz autres. Mais tout est adnicille par faulte d'usaige dont chest gran blasme et damaige a Msgr. de L. et a son englieze et a toute le pays del eresqueit de L. Car grande honneur et domination estoit a un Evesque de Liege d'avoir puissanche de mandeir a son serviche teils princes et barons, qui sont fiefviers del engliese de L., desqueis li livre des chartres de Sainct Lambert faict mention etc.*" Die Richtigkeit der Angabe im Allgemeinen wird durch die zahlreichen Urkunden namentlich des 11. und 12. Jahrhunderts erwiesen, in denen die angesehensten Fürsten Niederlothringens, als am Hof des Bischofs anwesend genannt werden. Vergleiche auch die Urkunde Cod. Hinnesdael 3. 418. Die besondere Bezeichnung derselben als Pairs der Kirche, sowie die Hervorhebung einer Zwölfzahl mag erst im 13. Jahrhundert nach Ausbildung des französischen Pairshofes erfolgt sein — zu einer Zeit, da allerdings das Lehnsverhältniss jener Fürsten und Herren zur Kirche des hl. Lambert bereits seinen früheren Sinn und Inhalt verloren hatte.

Stiftsgebiets unter einer mehr unmittelbaren Gewalt derselben. Mochte diese ihren Ursprung in einer Grundherrschaft haben, oder bloss in der Uebung des Grafschafts- und Vogteirechtes; überall hatte sie eine gewisse Abhängigkeit von der Kirche und bei den ursprünglich freien Hintersassen auch eine Minderung der ursprünglichen Freiheitsrechte zur Folge.

In diesem Sinne konnten die Hintersassen des Stifts, so verschiedenen Rechtes sie auch im Einzelnen sein mochten, wegen ihres Schutzverhältnisses zur Kirche als *homines ecclesiastici*, als *familia ecclesiæ* in der weiteren Bedeutung des Worts und später, als der letztere Ausdruck ausschliesslich für die hörigen Leute in Gebrauch kam, als *homines de casa Dei (et S. Lamberti)*, Gotteshausleute bezeichnet werden[1]).

Aus der Zahl dieser scheinen zuerst die Ministerialen zu grösserer Bedeutung gelangt zu sein, indem sie in ein persönliches Dienstverhältniss zum Bischof eintretend, bald höfischen Erbämtern zugewiesen, bald mit Kirchengütern belehnt, als ritterliche Dienstmannen bewaffnet wurden.

Wie auf ihnen nicht zum wenigsten die weltliche Macht der Kirche beruhte: so gelangten sie früher, als die meisten übrigen Hintersassen des Stiftsgebiets, zu selbständigem Ansehn. Neben den geistlichen Würdeträgern und den freien Vasallen erscheinen sie am Hof und im Gefolge des Bischofs und nehmen schon im 11. Jahrh. an den Berathungen über die Angelegenheiten der Kirche und des Landes Antheil. Seit dem 13. Jahrh. werden sie den freien Vasallen nahezu gleichgestellt, ebenso

---

[1]) Vgl. den Excurs Nr. 1. „über die homines de casa Dei."

unabhängig, wie diese, ihren Lehnsherrn und der Kirche gegenüber und mit ihnen unter der gemeinsamen Bezeichnung: *homines feodales*, Lehnsmannen, zusammengefasst.

Erst in zweiter Linie ringt sich die städtische Bevölkerung zu selbständiger Bedeutung empor, wobei besonders diejenigen Ortschaften vorangingen, die, wie Lüttich und Huy, nie einer vollständigen Grundherrschaft des Bischofs unterworfen waren. Später suchten dann auch wohl ganz abhängige Orte die hofrechtlichen Lasten abzuschütteln und nach dem Vorbild jener communale Selbstregierung und die anderen Rechte und Privilegien zu erlangen, die damals als Grundbedingungen der städtischen Freiheit betrachtet wurden.

Nur die bisher erwähnten Stände, deren Rechtsverhältnisse wir im Folgenden besonders in's Auge fassen, haben auf die Entwicklung der Landesverfassung bestimmenden Einfluss geübt; die übrigen weltlichen Angehörigen des Stifts verharrten in dauernder Abhängigkeit, sei es nun, dass sie auf den Dorfschaften des Bischofs ansässig, diesem unmittelbar zugehörten, sei es, dass sie als Grundholde dem Capitel oder andern Kirchen und Klöstern, Baronen und Rittern untergeben waren. Auch sie erfuhren mittelbare Förderung durch die Errungenschaften der ständischen Entwicklung, von einer selbstthätigen Theilnahme aber waren sie — von vereinzelten Fällen abgesehn — fast durchgängig ausgeschlossen.

Zweites Kapitel.
Lüttich als Reichsfürstenthum.

Durch die Privilegien der sächsischen Kaiser war der Grund zur territorialen Abschliessung gelegt worden; und es war für die Lütticher Verfassung bedeutsam, dass dieselbe nach der Ertheilung jener Urkunden, ohne wesentliche Einwirkung von aussen zu erfahren, sich aus den Elementen und inneren Verhältnissen der Landschaft selbständig entwickeln konnte. Die Autorität des Kaisers über den Bischof und sein weltliches Gebiet blieb freilich bestehn, und in vielfacher Hinsicht trat eine wirkliche Abhängigkeit des Territoriums vom Reich und seinem Oberhaupt hervor. Wie wenig derselbe aber auf die inneren Angelegenheiten einen entscheidenden Einfluss übte, wird uns so deutlicher erhellen, wenn wir die angedeuteten Beziehungen des Bisthums Lüttich zum Reich im Einzelnen einer Prüfung unterwerfen.

Der Bischof gehörte zur Zahl der geistlichen Fürsten. Der Regel nach vom Capitel gewählt, durch den Erzbischof von Köln, häufig auch den von Reims, oder auch durch den Papst geweiht und bestätigt, gelangte er doch erst dann in den vollen Besitz seiner weltlichen Herrschaft, wenn ihm vom Kaiser die Regalien mit dem Scepter übertragen waren. Von dem Empfang dieser war vor Allem die Ausübung der hohen Gerichtsbarkeit und die Lehnshoheit über die Vasallen der Kirche bedingt. In einer Urkunde von 1240 wird durch den Schultheiss und die Bürgermeister, Schöffen und Rathsherrn von Lüttich erklärt, dass der Bischof in der Stadt keine Huldigung erlangen könne, bis er dem Kaiser die erste Huldigung geleistet[1]). Diese Bestimmung scheint in späterer Zeit keine scharfe Anwendung mehr gefunden zu haben, da die Belehnung oft genug erst geraume Zeit nach der Wahl und nach dem feierlichen Einzug des Bischofs erfolgte. Wohl aber blieb die Bestimmung in Kraft, dass bis der Bischof im Versammlungssaal des Domcapitels und in Gegenwart der Lütticher Schöffen den Empfang der Regalien urkundlich nachgewiesen, kein Schultheiss oder andrer Gerichtsbeamte ein Schöffencolleg des Landes zum Urtheilfinden auffordern durfte, dass bis dahin kein Vasall der Kirche gehalten war, sich im Besitz seiner Lehen auf's neue bestätigen zu lassen.

Die kaiserliche Belehnung musste beim Regierungsantritt jedes Bischofs, aber auch beim Regierungswechsel im Reich wiederholt werden. Nur ausnahmsweise ward hiervon Dispens ertheilt; und auch das musste durch eine besondere kaiserliche Urkunde geschehn[2]).

---

[1]) Die Urkunde findet sich bei Jean d'Outremeuse. Myreur des hystors III. fol. 68 r (burgund. Bibl. Cod. 10456): „*nos volons, que vos sachies tous, que Monsangnour l'evesque ne puet demandeir serviche dedens la citeit de Liege, apres chu qu'illi at pris le promerain serviche etc. (1240).*"

[2]) Vgl. Hemricourt P. d. T. bei Polain, histoire de l'ancien pays de Liége II. (Appendice) pg. 399, bestätigt durch die Urkunden des Lütticher Archivs, Schoonbroodt, Inventaire analytique et chronologique des chartes du chapitre de St. Lambert a Liége Nr. 643 u. 651. „*Concedimus, ut episcopo in omnibus, quæ temporalem jurisdictionem respiciunt, pareatis, videlicet in judicando, respondendo, justiciam unicuique reddendo — quamvis dictus E. a nostra majestate de feodis regalibus, quæ a nobis et imperio nomine suæ ecclesiæ tenere debet, non sit investitus (17. Juni 1345).*" Noch im 15. Jahrhundert hat sich dies Herkommen unverändert erhalten: vgl. die Urkunde von Johann von Heinsberg (Acta Acad Theod. Palat. II. 234 „*cum ab obitu reverendi patris bonæ memoriæ Joannis de Wallenrode episcopi Leod. nostri predecessoris immediati, qui ultra annum decessit, omnis lex in nostra civitate*

War der Kaiser jenseits des Mains, so dass es für den Bischof zu beschwerlich gewesen wäre, ihn persönlich aufzusuchen, so konnte er sich damit begnügen, bis an jenen Fluss zu gehen, sich in Frankfurt von einem Bevollmächtigten des Kaisers seine Regalien erbitten und ihm die schuldigen Lehnsabgaben leisten. Fand er einen solchen nicht, so konnte er seine weltlichen Rechte vorläufig ausüben, pflegte aber vor der Versammlung der Frankfurter Schöffen zu geloben, dem Oberhaupte des Reichs sich gehorsam zu erweisen, und sobald der König in jene Gegend komme, nachträglich um Ertheilung der Regalien anzuhalten [1]). Eine Urkunde der Frankfurter Schöffen, welche dies Alles bezeugte und in Lüttich der Versammlung der Domherrn vorgelegt ward, gewährte factisch dem Bischof dieselben Rechte, welche sonst nur die kaiserliche Belehnung zu übertragen vermochte [2]).

patriaque Leodiensi et in terris nobis et nostræ ecclesiæ subjectis vacarerit, neque justicia secundum legem in criminalibus ac prophanis causis in tantum fieri potest —. Sehr belehrend über den erwähnten Punkt sind auch die Vorgänge nach der Wahl Dietrichs von Perweis, vgl. d. Chronique de Jean de Stavelot (ed. Borgnet) pg. 106, 107.

[1]) Vgl. Hocsem b. Chap. II. 369. Hemricourt P. d. T. (Polain II. 399.) Schon die erwähnte Urkunde von 1240 bestimmte, dass der Bischof dem Kaiser nicht weiter, als bis an den Main nachzugehen verpflichtet war, um die Belehnung von ihm zu empfangen. „*Silh vat a court d'empereur ou de roy, s'ilh ne passe les mons ou quilh ne passe un aighe, que ons appelle le Muy —*". Vgl. Olenschlager: Kurtze Abhandlung von einem vormaligen uralten Herkommen beim Frankfurter Schöffenstul etc. Acta Acad. Theodoro Palatinæ II. 225. ff.; vgl. auch Warnkönig im Messager des sciences historiques de Belgique, année 1840, pg. 174 ff; ferner Thomas, der Oberhof zu Frankfurt a/M. pg. 185—189.

[2]) Dieser letzte Umstand erzeugte vermuthlich die Ansicht, dass den Schöffen von Frankfurt ein Recht zustehe, den Bischof in

Anspruch auf selbständige Ernennung und Einsetzung von Bischöfen seitens des Kaisers war seit den Tagen Heinrich VI. nicht wieder zur Geltung gebracht; ebenfalls war in Lüttich jenes andere Recht der deutschen Könige ausser Uebung gekommen, das ihnen zur Zeit der Vacanz die Uebernahme der Stiftsverwaltung und -Einkünfte verstattete: im 13. Jahrhundert sind davon kaum noch erkennbare Spuren erhalten. Zwar scheint sich im Jahre 1281 nach dem Tode Johannes von Enghien darüber zwischen dem Domcapitel und König Rudolf eine Differenz erhoben zu haben; aber auf Veranlassung des ersteren gaben zwei bejahrte Schöffen den Bescheid, dass nach eigener und ihrer Vorfahren Erinnerung beim Absterben eines Bischofs die Verwaltung des weltlichen Gebiets stets auf das Capitel übergegangen, dass von diesem die Einkünfte erhoben worden, und falls nach Bestreitung

---

Abwesenheit des Königs zu belehnen. *Hocsem* spricht von einer *antiqua regni consuetudo, qua rege ultra Mosae fluvium existente E. citra dictum fluvium Regalia possunt a scabinis de Frankfurt impetrare.* (Anstatt des sinnlosen *Mosae* — bei Chap. II. 369 — haben wir mit der Brüsseler Handschrift *Mone* zu lesen). — Dass aber von einer Belehnung durch die Schöffen nicht die Rede sein kann, ergibt sich aus den Angaben Hemricourts, die im Wesentlichen mit dem übereinstimmen, was wir dem Frankfurter Notariats-Instrument von 1420 entnehmen. (Acta Palat. 232 ff.) Hocsem's Mittheilung und Auffassung findet sich, abgesehen von den späteren Chronisten, die ihm wörtlich folgen, nur bei Jean d'Outremeuse 3. Thl. fol. 208; doch sind die Angaben des letzteren über die Belehnung Adolfs von der Mark im Jahr 1314 für uns um so werthloser, als die ganze betreffende Stelle von Unrichtigkeiten und Fabeleien erfüllt ist. Jean d'Ou. verwechselt beständig Leopold von Oestreich mit dem gewählten Friedrich, ein Irrthum, der aus Joannes Presbyter zu stammen scheint. Ganz erfunden ist, was er von der Vertreibung der Frankfurter Schöffen Knoblauch und Rindfleisch durch den Zorn König Ludwig's berichtet.

der Ausgaben ein Ueberschuss vorhanden, derselbe dem neuerwählten Bischof überwiesen sei ¹). Nur zwei Fälle wurden erwähnt, in welchen der Kaiser in die Regierung des Territoriums eingegriffen, indem er sowohl nach dem Tode Hugo's von Pierrepont, wie nach dem Heinrichs von Aps Schultheissen für die Stadt bestellt habe; diese wären jedoch nur 2—3 Tage in Lüttich geblieben, um die richterlichen Functionen zu erfüllen und erledigte Schöffenstühle neu zu besetzen ²). Im Uebrigen war das Anrecht des Capitels und der nachfolgenden Bischöfe auf die Hinterlassenschaft verstorbener Stiftsvorsteher schon in staufischer Zeit soweit anerkannt, dass eine besondere Verfügung Heinrich VII. auch gegen ein Spolienrecht der Burgmannen und anderer Stiftsbeamten Einspruch erhob, diesen aufs strengste untersagte, die hinterbliebenen Güter oder die Einkünfte aus Burgen und Festungen zur Zeit des erledigten Stuhles an sich zu ziehn ³).

---

¹) *a suis antecessoribus intellexerunt, quod propositus et capitulum ecclesiae praedictae tempore vacationis dictae sedis statim ipsa sede vacante fecerunt saisiri castra episcopatus praedicti et levari per manus suas seu eorum nomine omnes redditus Episcopatus etc — — itaque creato episcopo residuum si quid fuerat ultra expensas et custodiam factas circa praemissa in dictis redditibus revertebatur seu cedebat ipsi episcopo sic creato.* (Lütt. Archiv; vgl. Schoonbroodt, Inventaire analytique et chronologique des chartes du chapitre de Saint-Lambert, à Liége. No. 363.)

²) *cum sedes vacaret ex morte domini Huwardi episcopi Leodiensis, quod dictus imperator misit apud Leodium advocatum tunc Aquensem, qui fuit ex parte ipsius imperatoris receptus pro villico Leodiensi et ibidem stetit tanquam villicus etc — cum sedes Leod. alias vacaret ex morte domini Johannis — rex tunc Alimanie quendam virum, ut esset tempore vacationis praedictae villicus Leodiensis, misit apud Leodium — — dixerunt, quod nec scirent nec unquam dici audivissent, quod aliquis imperator vel rex unquam operatus fuisset plus in praemissis.* (l. c.)

³) Liber cartarum 376. „*J. venerabilis Leod. Electus — — conquestus*

Auch die Gewalt des Kaisers über das Bisthum bei besetztem Stuhl war mehr und mehr in Abnahme begriffen. Selbstverständlich ist, dass der Bischof als kaiserlicher Vasall und Reichsfürst alle die Pflichten und Rechte übte, die aus dieser Stellung hervorgingen. Er war verbunden, Heerfolge zu leisten, auch auf Hof- und Reichstagen nach vorausgegangener Ladung zu erscheinen. Wie er an den fürstlichen Hofgerichten Antheil nahm, so hatte er natürlich auch selbst sich dem Urtheilspruch des Kaisers und der ihn umgebenden Reichsfürsten zu unterwerfen. Innerhalb seines Territoriums aber war der Bischof nach dem Empfang der kaiserlichen Belehnung von oberen oder auswärtigen Gewalten wenig beschränkt. Die Landeshoheit, für welche schon die Ottonischen Privilegien den Anfang in's Leben gerufen, war weniger durch ausdrückliche Verleihung, als durch seltenes Eingreifen der Kaiser in die territoriale Selbständigkeit jener vom Mittelpunkt entlegenen Landschaft zur Geltung gelangt. So kommt es, dass die von Friedrich II. allen geistlichen Fürsten ertheilten Privilegien für Lüttich mehr als Bestätigung alter Rechte, denn als Verleihung neuer Begünstigungen erscheinen.

Alle Reichsgesetze waren natürlich auch für Lüttich in Gültigkeit[1]). Ebenso übte der Kaiser immerhin noch

---

est, quod burgravii et alii officiati sui mortuo prædecessore suo victualibus in domibus et castris suis a prædicto prædecessore suo relictis ac rebus aliis seu redditibus ipsum indebite spoliarunt. — Requisitis hinc inde singulis et unversis, talis a principibus et magnatibus imperii lata est sententia et ab omnibus approbata, quod dicti burgravii et officiati nullo jure, nullaque justicia prænotata victualia et res alias seu redditus vacante sede accipere valeant vel debeant, nec accepta aliquatenus retinere et quod super ablatis possint de spolio conveniri. Actum apud Nourenberc 1229. Jd. Decemb."

[1]) Vergl. Hemricourt P. d. T. bei Polain II. 400. Eine grössere

das Recht, durch einzelne urkundliche Verfügungen in die besonderen Verhältnisse des Landes einzugreifen; doch beschränkte sich diese Thätigkeit in der Regel auf Wahrung und Anwendung eben jener Reichsgesetze oder auf solche Fälle, in denen es galt, früher ertheilte Privilegien in Kraft und Ansehen zu erhalten [1]). Obwohl wir von Nicht-Evocations- und Nicht-Appellations-Privilegien keine Spur finden, und obwohl die Autorität des Kaisers als des obersten weltlichen Richters unbestritten war; so galt eine Berufung von den vornehmsten Tribunalen des Bisthums an das Reichsoberhaupt bei gewöhnlichen Rechtsfällen doch nicht als landesüblich [2]); sie kam nur ausnahmsweise vor, wo es sich um streitige Rechte und Ansprüche ganzer Parteien oder um Einwände gegen die formale Gültigkeit des geübten Rechtsverfahrens handelte [3]). Bedeutsam war es anderseits, dass bei inneren Conflicten im Lande die Berufung an den Kaiser sehr häufig durch die Appellation an die päpstliche Curie ersetzt ward. Diese war durch die Goldbulle von Eger, welche Friedrich II. zu Gunsten des Papstes Innocenz ausgestellt hatte, für alle geistlichen Angelegenheiten als gesetzlich anerkannt worden. Es liegt nahe, dass in einem bischöflichen Fürstenthum alle

Zahl von Reichsgesetzen, die vermutblich dem Bischof von Lüttich besonders zugesandt wurden, finden sich auf kleinen Pergamentstreifen im Lütticher Archiv.

[1]) Vergl. die Urk. des L. Archivs, Schoonbroodt. No. 232, 245—47, 250 etc.

[2]) Als im Juhr 1365 ein geächteter Schöffe von Karl IV., der gerade in Maastricht anwesend war, eine nochmalige Untersuchung seiner Sache erbat, und dieser die Lütticher, die jenen verurtheilt hatten, zu Gericht lud: wurde ihm von einem der Anwesenden erklärt, dies sei *contra patriæ privilegia et libertates — dissimulans Imperator paulo post recessit* (Radulf. de Rivo bei Chap. III. 7. 8.)

[3]) Vgl. z. B. Hocsem b. Chap. II. 289.

politischen Verhältnisse auch vom kirchlichen und geistlichen Standpunkt aus beurtheilt werden konnten.

Aus dem Angeführten erhellt aber leicht, dass während des ganzen 13. und 14. Jahrhunderts, als die verschiedenartigsten Conflicte zwischen den Ständen des Territoriums, namentlich dem Bischof und den Städten des Landes zum Ausbruch kamen, noch weniger, als in irgend einem andern Theil des Reichs, in Lüttich der Machtspruch des deutschen Königs eine Entscheidung herbeiführen konnte. Es fehlt nicht an zahlreichen kaiserlichen Urkunden und Verfügungen aus dieser Zeit; aber gerade der Vergleich der hier festgestellten Vorschriften mit den thatsächlichen Zuständen zeigt am auffallendsten, wie wenig schon damals das Reichsoberhaupt in jenen entfernteren Territorien eine sichere Autorität besass. Ein überall gleich empfindliches Uebel war es freilich, dass die Kaiser selbst zu sehr abhängig von den Parteien des Reichs, von der Gunst und Gegnerschaft der einzelnen Fürsten geworden, als dass eine consequente Politik in den einzelnen Landschaften befolgt werden konnte. So ist es bemerkenswerth, wie Heinrich VII. zuerst im December 1229 beim Regierungsantritt des Bischofs Johann von Aps, diesem günstig gesinnt. nicht nur in einer obenerwähnten Urkunde die Spolienansprüche der Ministerialen, sondern auch alle communalen Einungen, die sich während der Vacanz gebildet, für nichtig erklärt [1]; dann aber ein Jahr darauf (Nov. 1230), da Johann von Aps mit der päpstlichen Partei im Bunde

---

[1] „*revocantes in irritum, quicquid vacante sede a burgensibus seu oppidanis aliquibus in præjudicium Ecclesiæ et Episcopi Leodiensis juramentis, seu colligationibus exstitit ordinatum vel constitutione qualibet acceptatum.*" L. Archiv, Schoonbr. No. 75.

stand, den Städten des bischöflichen Gebiets die ausgedehntesten Zugeständnisse macht [1]); und schliesslich im Januar 1231, da inzwischen durch Vermittlung deutscher Fürsten der Friede von S. Germano geschlossen und zugleich eine Aussöhnung mit Johann von Lüttich stattgefunden, jene Zugeständnisse zurücknimmt und den Bürgern der Städte unbedingte Unterwerfung unter ihren Bischof anbefiehlt [2]). Ein anderes Uebel, an welchem die kaiserliche Politik der späteren Zeiten krankte, das sorgliche Verfolgen kleiner Haus- und Familieninteressen, trat gleichfalls in Lüttich in seinen bedenklichen Folgen hervor, theilweise schon unter Wilhelm von Holland, der den Plänen des Bischofs Heinrich von Geldern seinen Städten gegenüber vorzugsweise deshalb Vorschub geleistet haben mag, weil er in ihm einen Bundesgenossen für seine besonderen Zwecke, namentlich im Interesse seines Schwagers Joh. von Avesnes der Margaretha von Flandern gegenüber zu gewinnen hoffte [3]). Auffallender tritt ein ähnliches Bestreben Albrechts von Oestreich hervor. Des Beistands gegen den Grafen von Hennegau bedürftig, dessen Land er für das Haus Habsburg zu erwerben strebte, wandte er sich an den Bischof Hugo von

[1]) Vgl. Huillard-Bréholles, historia diplomatica Friderici II. v. III. pg. 411, 432.
[2]) Huillard-Bréholles III. 444, L. Archiv, Schoonbroodt, No. 80, 83. Nachtrag: Da es im Jahre 1234 wegen der Rechte, welche die deutschen Könige über das Stift des hl. Servatius in Mastricht übten, wiederum zu Conflicten zwischen Heinrich VII. und dem Bischof kam; forderte der Erstere die Schultheissen und Bürger von Lüttich, Mastricht, St. Trond, Huy, Tongern und Dinant auf's neue auf, ihrem Fürsten den Gehorsam zu verweigern, bis dieser den königlichen Anforderungen genügt habe; vgl. d. Bulletins de la commission royale 3. Série, tome IX., pg. 42.
[3]) L. Archiv, Schoonbroodt No. 250.

Chalons; und da dieser gerade, mit mehreren der kleineren Städte verbündet, gegen Lüttich im Kampfe war: so stellte Albrecht eine Reihe urkundlicher Verfügungen aus, welche Begünstigung jener, Benachtheiligung dieser enthalten sollten. Es begreift sich leicht, dass Erlasse und Verordnungen, welche derartigen Verhältnissen und Motiven ihren Ursprung verdankten, wenig geeignet waren, auf die Verfassung des Landes und seiner Theile nachhaltigen Einfluss zu üben. Dieselben waren um so macht- und wirkungsloser, wenn sie, wie die Urkunden Albrechts, mit den altüberlieferten Institutionen des Landes in Widerspruch standen, wenn Albrecht z. B. bestimmt, die Schöffen der Städte Huy, Dinant, Tongern etc. sollten künftig von den Schöffen zu Lüttich unabhängig sein, des Rathserholens beim Oberhof nicht mehr bedürfen; von ihrer Entscheidung sollte nicht mehr an jene, sondern nur an den Bischof appellirt werden können¹) Trotz kaiserlicher Verordnung gelangte hier das alte Herkommen gar bald wieder zur vollständigen Gültigkeit. — Ernster hatte sich Rudolf von Habsburg bemüht, im Interesse der allgemeinen Ordnung die Autorität des Reiches herzustellen; in diesem Sinne ist auch seine Thätig-

---

¹) Vgl. L. Archiv, Schoonbr. No. 441—444: hier finden sich jedoch nur die für den Bischof und die Städte Huy und Dinant bestimmten Urkunden. Cod. Hinnisdael 4. 52 belehrt uns, dass es Albrecht's Absicht war, sämmtliche Schöffengerichte des Landes (es werden auch die von Fosses, Thuin, Couvin, Bouillon, Ciney, Warême, Avelenge u. A. genannt) von dem Lütticher Oberhof unabhängig zu machen. Zugleich bestimmte Albrecht, dass die Schultheissen künftig auch während der Vacanz ihr Richteramt üben sollten — was nicht minder allem Herkommen widersprach. Die betreffenden Urkunden sind allesammt datirt: *Datum in Oppenheim 1299. 4 idus Junii, regni nostri anno primo.*

keit für die Lütticher Landesverhältnisse zu beurtheilen. Die Urkunden früherer Kaiser für Bischof und Capitel wurden von ihm bestätigt, und wie er um die Aufrechterhaltung dieser eifrigst besorgt war: so suchte er auch den Bestimmungen des Landfriedens, welche er nach dem Vorbild der staufischen Kaiser festgestellt und erweitert hatte, innerhalb des Lüttichschen Gebietes Gültigkeit zu verschaffen[1]). (Dahin zielt sein Verbot gegen Aufnahme von Ausbürgern, gegen Zulässigkeit der von der Lütticher Bürgerschaft ohne seine Genehmigung erhobenen Zölle und Weggelder.) Doch war Rudolfs Thätigkeit, wie die der nachfolgenden Kaiser im günstigsten Falle eben nur ausreichend, bestehende Rechtsverhältnisse und Ansprüche zu befestigen und zu stützen[2]); nirgends ist es ihnen gelungen, die Verfassungsverhältnisse des Landes neu-

---

[1]) Vgl. d. Urk. des L. Archiv, Schoonbroodt No. 332, 359, 385, 406. Das Verbot gegen das Ausbürgerthum findet sich in der Bestätigungsurkunde Karls IV. (Schoonbr. No. 653): *„judicatum exstitit et per sententiam diffinitum, quod nullus prorsus recipi debet in Civem vel Opidanum, nisi in civitate vel Opido residentiam fecerit aut moretur, municipalium jurium beneficio carebit omnino maxime cum secundum edicta pacis per inclitum quondam Fredericum Romanorum Imperatorem statuta ac eciam jam pridem Herbipoli et nunc de novo Erfordiae per nos sancita nullus, qui in Civitate vel opido non moretur etc."*

[2]) Das bedeutendste Beispiel dieser Art fällt ins 15. Jahrhundert; da nämlich Bischof Joh. v. Bayern den Lüttichern alle städtischen und landschaftlichen Rechte und Freiheiten entrissen hatte; wandten sich diese Weihnachten 1416 an Kaiser Sigismund, der bei ihnen das Fest beging, und erlangten von ihm Wiederherstellung sämmtlicher Privilegien und Landesinstitutionen, wie sie vor den Zeiten Johann's bestanden. Vgl. Louvrex Recueil des Edits, Concordats et Privilèges, du Pays de Liège (nouvelle édition par Hodin) I. pg. 273. Wirksam wurde freilich auch diese Restitution erst, nachdem Johann den bischöflichen Stuhl verlassen.

zugestalten oder auch nur der vorhandenen Entwicklung neue Wege zu weisen.

Von einem factischen Eingreifen eines deutschen Regenten, oder vielmehr von dem Versuch zu einem solchen, wird nur einmal berichtet, nämlich im Jahr 1346, als Bischof Engelbert Karl IV., den erwählten römischen König, gegen seine rebellischen Städte Lüttich und Huy herbeirief. Aber auch hier war das Einschreiten so wenig nachdrucksvoll, dass nicht einmal eine Niederlage des bischöflichen Heers verhindert wurde [1]).

Fügen wir noch hinzu, dass von den beiden bischöflichen Regierungen, welche für die politischen Parteikämpfe des Landes am verhängnissvollsten geworden, die Heinrich's von Geldern zum grössten Theil in die Zeit des Interregnums, die Adolf's von der Mark in die Periode Ludwigs von Bayern fällt, der in Lüttich kaum Anerkennung erlangte: so wird hinlänglich klar sein, dass wir die Factoren für die Ausbildung der Lütticher Verfassung vorzugsweise innerhalb des Territoriums zu suchen haben.

Drittes Kapitel.

Der Fürst-Bischof als Landesherr.

Die Rechte des Bischofs lassen sich unter verschiedenen Gesichtspunkten zusammenfassen; einerseits nach ihrem Ursprung, je nachdem sie aus der Grundherrschaft über die Mensalgüter, aus der Lehnshoheit über die Vasallen und Ministerialen des Stifts oder aus den fürstlichen

---

[1]) Vgl. d. 2. Excurs: Karl IV. und die Schlacht bei Vottem.

Hoheitsrechten (Jurisdiction, Münz-, Zoll-, Marktgerechtigkeit etc.) entsprungen sind. Nach politischen Gesichtspunkten unterscheiden wir anderseits richterliche Befugnisse, Heerbann und financielle Rechte des Bischofs.

Letztere Eintheilung legen wir im Folgenden zu Grunde, obwohl die Scheidung keineswegs genau durchzuführen ist, und die Stellvertreter und Beamten des Bischofs, welche seine Rechte auszuüben hatten, in der Regel nach verschiedenen Richtungen gleichzeitig thätig waren. So schon in älterer Zeit der Schirmvogt der Kirche (*advocatus ecclesiae* oder *altaris* oder *S. Lamberti*, auch *advocatus Hasbaniae* genannt), der nicht nur bei Rechtsgeschäften die Kirche vertrat, z. B. Schenkungen für dieselbe empfing und übergab [1]; sondern auch, wenn es galt, das Gebiet des Stiftes, seine Güter und Festungen zu schützen, die aufgebotene Mannschaft zu führen hatte. Während seine Bedeutung in späterer Zeit zurücktrat, so erhielt sich doch immerhin eine Erinnerung an diese hervorragende Stellung, indem er auch noch im 14. Jahrhundert zu den Pairs der Kirche gerechnet wurde und andrerseits ausschliesslich das Recht übte, bei Kriegszügen zum Schutze des kirchlichen Gebiets das Banner des heiligen Lambertus voranzutragen [2].

Wesentlich verschieden von diesem ist die grosse Zahl der Gerichtsvögte, deren Befugnisse sich auf gewisse Städte, Ortschaften, Klostergebiete beschränkte. Theils sind es die oberen Richter über die eigentlichen Grund-

---

[1] Vgl. d. Urkunden b. Miracus I. 365. II. 809. 810.
[2] Vgl. insbesondere Cod. Hinnisdael 3. 418. Triumph. S. Lamberti in Steppes obtentus, b. Chap. II. 606. Hocsem. Chap. II. 409. In den Gest. abb. Trud. (Pertz SS. X. 299) wird Reynerus, der Vogt v. Hasbanien als *Leodiensis militiae signifer* bezeichnet.

holden, wie nach Karl des Grossen Verfügung in jeder Grafschaft, in welcher die Kirche Güter besass, ein solcher ernannt werden sollte; theils treten sie unmittelbar an die Stelle der alten Grafen, deren Amtsgebiet dem Bischof zuertheilt war, und führen im letzteren Falle auch wohl den alten Namen fort[1]).

In der Jurisdiction dem Vogt ursprünglich untergeordnet, wie der *centenarius* dem *comes*, ist der Schultheiss[2]), der bischöfliche Ortsvorsteher. Doch habon wir um so mehr in ihm den eigentlichen Gerichtsbeamten zu erblicken, als die Vögte meist nur dreimal des Jahrs oder bei ausserordentlichen Anlässen auf der Dingstätte erschienen und sich im Uebrigen daran gewöhnten, ihr Amt bloss als Anrecht auf gewisse Leistungen und Einkünfte oder als Vorwand für Erpressungen auszunutzen. Indem sich ihr Amt überhaupt meist in einen erblichen Anspruch verwandelte, die Mächtigen unter ihnen eine ganze Reihe von Vogteien in ihrer Hand vereinigten und zugleich dem Bischof, dem sie nur durch die Lehnspflicht verbunden, in grosser Selbständigkeit gegenüberstanden[3]): so trat hier, wie in andern Bisthümern,

---

[1]) So wird der Vogt von Huy, der an die Stelle des alten Grafen getreten, auch noch im 13. u. 14. Jahrhundert mitunter als *comes Hoyensis*, *cuens de Huy* bezeichnet.

[2]) Die lateinische Benennung ist *villicus* und *maior* (mitunter *scultetus*), die französische *mayeur* und *maire*; wir bedienen uns der Uebersetzung Schultheiss, weil in denjenigen Städten der Landschaft, welche niederdeutsche Mundart redeten, Mastricht und St. Trond, das entsprechende Wort: *schoutet* für den bischöflichen Richter und Ortsvorsteher gebräuchlich war.

[3]) Ueber die Vogtei von Lüttich vgl. die von Polain im Bulletin de l'Institut archéologique liégeois III. pg. 297 ff. mitgetheilten Documente; ferner die Droitures delle vowerie de Liege in den Lütticher Pawilhars, zum Theil aufgenommen in Hemricourt's P. d. T. h. Polain II. 439. ff.

das Bestreben hervor, die Vogteien einzulösen ¹), oder, wo diese fortbestanden, den wesentlichen Theil ihrer Befugnisse abhängigen und absetzbaren Beamten zu übertragen. In den Städten handhabte der Schultheiss die Jurisdiction gleichmässig über schwere und geringe Vergehungen. Auf dem flachen Lande wurden über grössere Gebietstheile (wohl erst seit dem 13. Jahrhundert) *baillis* eingesetzt und den Schultheissen der Dörfer als Justiz- und Executivbeamte übergeordnet ²). Ausserdem sind als Inhaber bischöflicher Gerichtsbarkeit die *prévôts (praepositi)* zu nennen, die auf Besitzungen der Kirche, namentlich in der Nähe der französischen Grenze, als Verwalter bischöflicher Einkünfte und Rechte erscheinen ³); ferner die *chastelains*, Burgmannen, denen ausser der Vertheidigung der ihnen übertragenen Burg auch die Jurisdiction in einem gewissen Bereiche zukam ⁴). Obwohl Lehnsmannen, sind sie doch stets in stärkerer Abhängigkeit von der Kirche geblieben und werden daher unter der Zahl der bischöflichen Beamte meist besonders aufgeführt.

Wenn somit eine bedeutende Macht in die Hand

---

[1] Eine Einlösung wird z. B. erwähnt in einer Urkunde von Innocenz III. Lib. cartarum Leod. 116 „*pecuniam, quam pro Cinnei advocatia e redemptione receperat etc.*" Dass in der Mitte des 13. Jahrhunderts keineswegs in allen Ortschaften der Kirche Vögte bestanden, geht aus folgender Stelle einer Urkunde hervor, welche gewisse Markt- und Lebensmitteltaxen für Lüttich und die benachbarten Dörfer feststellte: „*de qualibet autem forefacto supradicto habebit advocatus in banno, ubi advocatus est, septimam partem; si vero advocatus ibi non fuerit, dominus illius banni, ubi forefacta obveniunt, habebit septimam partem.*" L. Archiv, Schoonbroodt No. 226.

[2] Hocsem. Chap. II. 306, 475, 476.

[3] Louvrex, Recueil des Edits L. 155.

[4] L. Archiv, Schoonbroodt No. 73. 265.

bischöflicher Stellvertreter gelegt war, so stand dem doch ein sehr wohlthätiges Gegengewicht gegenüber. In ausgedehntester Weise hatte sich in den Lüttichschen Landen die altgermanische Sitte erhalten, dass das Urtheilfinden einer Reihe von Mitgliedern der Volksgemeinde überlassen ward. Selbst in kleineren Ortschaften und Dörfern konnte der Schultheiss nicht nach eigenem Dafürhalten entscheiden, sondern immer und überall war er an den Ausspruch der Schöffen gebunden. Freilich wurden auch diese vom Bischof oder dem sonstigen Inhaber des Gerichtshofes ernannt; da sie aber auf Lebenszeit und aus einer bestimmten Reihe von Männern gewählt werden mussten, standen sie doch dem Gerichtsherrn in einer gewissen Unabhängigkeit gegenüber. Den Oberhof für die Mehrzahl der Schöffenhöfe innerhalb der Landschaft, sowie auch für manche ausserhalb derselben, bildete das Collegium der Schöffen von Lüttich [1]. An diese ging in letzter Instanz jedes angefochtene Urtheil; bei ihnen konnten und mussten bei schwereren Criminalfällen die übrigen Gerichtshöfe sich Rath und Belehrung holen [2]. Appellation von denselben an den Bischof war nicht mehr gestattet; nur ausnahmsweise wandte man sich an den

---

[1] Vgl. Hemricourt. P. d. T. (Polain II. 424 ff.): les droitures del officbe desquevinaige.

[2] Da mit der Appellation von einem Gericht des Landes an den Oberhof zugleich immer eine Ladung der Urtheiler verbunden war, so zogen diese es bei schwierigeren Fragen in der Regel vor, die Weisung der Lütticher Schöffen im voraus entgegen zu nehmen. Die von diesen in solchen Fällen ertheilte Rechtsauskunft nannte man *recharge*. Viele Beispiele dieser Art finden sich in dem sog. Pawilhar Giffou, einer Sammlung von Rechtsentscheidungen und Weisthümern des Lütticher Oberhofs.

König, um Bestätigung oder Verwerfung eines Urtheils zu erlangen.

Der Bischof setzte Schultheiss und Schöffen sowohl in Lüttich, als auch in den übrigen Städten der Landschaft, welche Lütticher Recht hatten; in den Dorfschaften, welche unter der Jurisdiction des Bischofs standen, scheinen sie von den Baillis oder andern höhern Gerichtsbeamten ernannt worden zu sein [1]); indem aber auch alle Schöffenhöfe, welche dem Capitel oder Abteien oder Lehnsmannen zugehörten, dem vom Bischof besetzten Oberhof untergeordnet waren: so übte jener zum mindesten mittelbar auf die gesammte Rechtspflege des Landes einen erheblichen Einfluss.

Abgesehen aber von der Befugniss, Richter und Urtheiler dieser immerhin mehr volksthümlichen Gerichte zu ernennen, machten die Bischöfe das ihnen übertragene Recht der Jurisdiction in noch unmittelbarerer Weise geltend, indem sie selbst in ihrem Palast zu Lüttich oder in ihren verschiedenen Burgen innerhalb des Territoriums zu Gericht sassen. Urtheilsprecher waren hier die Ritter der Landschaft. Obwohl es scheint, dass nur die Bürger der Stadt Lüttich von dieser Gerichtsbarkeit ausdrücklich eximirt waren; so ward auch von den Bewohnern der übrigen Städte und Ortschaften das Recht des eigenen Gerichtstandes beansprucht. Es ist daher anzunehmen, dass jene bischöfliche Jurisdiction, die von Lehnsmannen

---

[1]) Vgl. Hemricourt. P. d. T. (Polain. II. 417): „*Item affiert a Monsaignor de Liege — — de metre senisal, marissal, castellain, prevost et balhier, pour offichien par tout son pays, lyqueis puelent substitueir aultres offichiens por eaux et donneir les mayeries, esquevinaiges, foresterics et vilhes apartenant a monsaignor de Liege, gissans desour leur offiche etc.*"

geübt ward, auch auf diese vorzugsweise ihre Wirksamkeit erstreckte und im Uebrigen nur schwerere Vergehungen in ihren Bereich zog.

Da sich eine Anzahl von Rittern stets im Gefolge des Bischofs befand, so war die Möglichkeit geboten, über Lehnsangelegenheiten überall im Lande zu entscheiden. Eigentliche Klagen und Vorladungen waren jedoch an 12 bestimmte Stätten gebunden, an denen die Bischöfe Haus und Capelle besassen.¹) Der wichtigere Theil ihrer Jurisdiction ward in der Stadt Lüttich selbst geübt, und es gehörten hierher besonders alle Fälle, welche vor dem bischöflichen Friedensgericht *(judicium pacis)* oder vor dem Gericht des Ringes *(judicium annuli)*, dem Palastgericht entschieden wurden: beides Institutionen, welche eine eigenthümliche Ausbildung und Erweiterung der feudalen Gerichtsbarkeit des Bischofs bezeichnen. Der Ursprung der ersteren wird mit der Einführung des ersten Gottesfriedens in der Lütticher Dioecese im Jahr 1082 in Verbindung gebracht. Es war wenigstens noch im 13. und 14. Jahrhundert die Ueberlieferung, dass, als unter dem Bischof Heinrich I. der erste Versuch gemacht wurde, die

---

¹) Vgl. darüber die Angaben in Hemricourt's Patron delle Temporaliteit (ungedruckter Theil): „*Et puet bien Msgr ovrer d'entree et d'issue de ses fiefz de son pays quelquepart que trouveit soit; mains en fait de plaix nulz adjours ne radjour ne soy puet faire four que en lunne des dousse capelles desus escriptes. La premiere et principale des 12 maisons c'est le pallaix a Liege, item Huy, Dinant et Tongre, en laquele Msgr. soloit avoir maison sur l'aultcit del lengliese, qui est cheute en ruynne, Fosse, Covin, Thuin, Halloy, Mohault, Seraing sur Moese, Franchimont et Ayne l'abbie.*" Zu Hemricourt's Zeit war die Ladung vor diese Gerichtsstätten jedoch schon ausser Uebung gekommen; dies geht aus den Eingangszeilen hervor: „*partant que peu de gens ont cognoissance des 12 lieu ou Monsgr. de Liege at maisons et chapelle etc.*"

treuga Dei in jenen Landen zu begründen, die sämmtlichen Fürsten des Lütticher Sprengels dem geistlichen Oberhaupt desselben in freier Uebereinkunft die Gerichtsbarkeit über alle schwereren Vergehen gegen Leben und Eigenthum übertragen hätten. Daraus sei jenes Gericht des Friedens hervorgegangen, welches der Bischof in der Stadt Lüttich in der Marienkirche, von den angesehensten Geistlichen des Stifts umgeben, in Gemeinschaft mit den Baronen, Rittern und Ritterbürtigen des gesammten Sprengels zu halten pflegte. Jenem Ursprung entsprechend war es vorzugsweise gegen Friedensstörungen, gegen gewaltsame Handlungen und Angriffe auf Leben und Eigenthum gerichtet. Dem geringsten Manne sollte es hier zustehn, gegen den Mächtigen Klage zu führen; und dem geistlichen Charakter der Institution gemäss wurde der Aechtung des Verurtheilten stets die Excommunication hinzugefügt [1]).

---

[1]) Hauptquelle für das Verfahren und die Einrichtung des *judicium pacis* im 14. Jahrhundert ist die positio pro justificatione judicii pacis (im Cod. von den Berghe, Lütt. Biblioth. 188), ein Schreiben des Bischofs Adolf an die päpstliche Curie zur Widerlegung der Anklagen, welche der Herzog von Brabant gegen jenes Gericht erhoben. Aus diesem Document auf die ursprüngliche Einrichtung des Gerichts schliessen zu wollen, muss jedoch bedenklich erscheinen; ein schriftliches Verfahren, wie es hier angedeutet ist, kann erst im 14. Jahrhundert herrschend geworden sein. Vgl. unter den späteren Darstellungen besonders Fisen hist. eccles. Leod. I. pg. 205, dem Ernst. histoire du Limbourg II. 146—163 folgt. F. geht nur darin irre, dass er die Institutionen, wie er sie in Urkunden des 14. Jahrhunderts geschildert findet, ohne Weiteres in das 11. Jahrh. zurückversetzt.—Vollständig erledigt erscheint jetzt die Frage nach der ersten Einführung jenes Gottesfriedens und des damit zusammenhängenden Friedensgerichts. Eine Urkunde Friedrich I. (Chap. II. 109) bestätigt 1155 dem Bischof Heinrich II. *pacem Henrici Episcopi in Leodiensi Episcopatu.* In der Bestätigungsurkunde Adrians heisst es *pacem, quam praedecessor tuus Henricus instituit.* Auch

Da diese Gerichtsbarkeit, wie erwähnt, sich nicht ausschliesslich auf die Angehörigen der Landschaft oder die Vasallen des Stifts erstreckte, sondern auf alle Bewohner der Diöcese, also auch auf Unterthanen und Lehnsleute anderer Fürsten: so war dadurch

---

Gilles d'Orval führt die *pax Leodiensis* auf Heinrich von Verdun zurück (1075—91). Ernst (Histoire du Limbourg II. pg. 9) hat die bei Chapeauville II. 38. und bei Bouquet XIII. 606 angegebene Jahreszahl 1071 bereits nach der Originalhandschrift in 1081 verbessert, nach unserer Zählung 1082, da die Einführung der *treuga Dei* vor Ostern fiel. Dieser Angabe stimmt Polain bei (Histoire de l'ancien pays de L. I. 204). Dem gegenüber entbehren die abweichenden Datirungsversuche jeder zuverlässigen Begründung. Auffallend aber ist immerhin, dass Gislebertus in seiner Wiedergabe des Lehnsvertrags zwischen Dietwin von Lüttich und Richeldis und Balduin von Hennegau vom Jahre 1071. (Chron. Hannoniae ed. Chasteler 11 ff.) die Bestimmung aufführt: *Cum quamplures Principes, Duces et Barones scilicet et Comites et alii nobiles et eorum homines pacis Leodiensis justiciae habeant respondere et satisfacere, Comites Hanonienses vel homines ejus pacis ejusdem justiciae nequaquam tenentur respondere.* Man müsste danach annehmen, dass das Gericht schon vor 1071 bestanden hätte. Mit G. übereinstimmend ist die Angabe Balduins von Avesnes (d'Achéry, spicil. ed. nov III. 288). Dieser beruft sich hier auf eine uns nicht mehr erhaltene Chronik von Lobbes, in welcher Wilh. Arndt, der jüngste Bearbeiter G.'s — nach gefälliger mündlicher Mittheilung — überhaupt die gemeinsame Quelle für den älteren Theil der Werke beider genannten Geschichtsschreiber erblickt. Es ist demnach nicht glaublich, dass G. in der erwähnten Stelle die betreffende Urkunde Dietwins selbst befolgte. Die Angabe über die Befreiung vom Friedensgericht mag in älteren Aufzeichnungen aus Irrthum, oder vielleicht in trügerischer Absicht dem Inhalt des Lehnsvertrages beigefügt worden sein. Das Letztere wird wahrscheinlich, wenn man erwägt, dass eine solche Exemtion sonst nirgends erwähnt wird. Noch in der positio pro justificatione werden die *milites Hannoniae* ausdrücklich unter den *judices pacis* genannt. Auf keinen Fall können uns die besprochenen Stellen Giselberts und Balduin's veranlassen, die Entstehung des Friedensgerichts in frühere Zeit zurückzudatiren.

mancherlei Anlass zu Conflicten gegeben, und besonders die Herzöge von Brabant suchten dies Eingreifen der bischöflichen Autorität in ihr Territorium häufig genug durch gewaltsame Massregeln zu beseitigen[1]); doch gelang das nicht, bis im Anfang des 15. Jahrhunderts jene merkwürdige Institution überhaupt an Bedeutung verlor und alsdann allmälig der Vergessenheit anheimfiel.

In andrer Weise bezeichnet das Palastgericht eine besondre Art und Abzweigung der bischöflichen Gerichtsbarkeit, die jedoch erst bedeutend später ihre eigenthümliche Bestimmung erhalten hat. Je mehr von den Angehörigen des Landes ein besonderer Gerichtsstand beansprucht wurde, je schärfer die Competenz der verschiedenen Tribunale des Landes festgestellt war: umsomehr ging das Bemühn des Bischofs dahin, für gewisse Fälle, in denen es sich nicht um ein gewöhnliches Vergehn, sondern um Angriffe gegen sein Recht als oberster Gerichts- und Lehnsherr handelte, also bei Entfremdung von Lehen, Beeinträchtigung der obersten Landesgerichte, das Aussprechen der Acht durch incompetente Richter eine besondere Jurisdiction aufrecht zu erhalten, deren Ziel und Zweck es war, die Hoheitsrechte des Landesherrn zu schützen.[2]) Erst gegen Ende des 14. Jahr-

---

[1]) Vgl. Gilles d'Orval b. Chap. II. 190, d. lettre de Philippe in den Pawilhars und bei Louvrex I. 175; sowie insbesondere die oben erwähnte positio pro justificatione judicii pacis.

[2]) Vgl. Hemricourt. P. d. T. b. Polain II. 407 u. Declaration de l'anneau du palaix in den Pawilhars. Die Ansichten der Lütticher Historiker über den Ursprung und die Competenz dieses Palastgerichts, über sein Verhältniss zum Gerichte des Friedens sind von jeher sehr abweichend gewesen; eine genauere Erörterung darüber behalten wir einer besonderen Untersuchung „über die Lütticher Gerichtsverfassung" vor. — Hier genüge es darauf hinzuweisen, dass in den Documenten erst gegen Ende des 14. Jahrhunderts eine

hunderts scheint es den Bischöfen gelungen zu sein, dieses Palastgericht für den erwähnten Zweck zur An-

---

klarere Unterscheidung beider Institutionen hervortritt. In einer Excommunicationsurkunde vom Februar 1325 klagt der Bischof, dass die Angehörigen der Stadt ihm die gesammte Gerichtsbarkeit entzogen haben; abgesehen von den geistlichen Gerichten wird jedoch nur die Jurisdiction des *villicus* und das *judicum pacis* erwähnt (vgl. die Excommunicatio Adolfs von der Mark, datirt 1324 in die Valentini, im Code Wachtendonck dr. burgund. Bibl.) Als im Jahre 1347 die Bürger von St. Trond die Jurisdiction des Bischofs mit der des Herzogs von Brabant vertauschten — ein Fall, der nach den späteren Bestimmungen vor das Palastgericht gehört hätte — so wurden 36 der angesehensten Bürger vor das Friedensgericht geladen; vgl. Hocs. Chap. II. 513. Gesta. abb. Trud. Pertz. SS. X. 430. Das letztere, in welchem dem Bischof nach altem Herkommen und kaiserlicher Bestätigung eine so bedeutungsvolle Jurisdiction innerhalb der ganzen Diöcese zustand, wurde als Mittelpunkt der gesammten bischöflichen Gerichtsgewalt angesehn; und man mag hierher auch wohl manche Fälle gezogen haben, die anfänglich nicht in der Competenz des Tribunals lagen. Es ist ferner zu beachten, dass, wenn Klagen und Verhandlungen am Gerichte des Friedens stattgefunden hatten, was regelmässig am Sonnabend geschah, der Bischof die Anwesenheit der Lehnsmanen benutzte, um am folgenden Tage, am Sonntag, in seinem Palast zu Gericht zu sitzen; vgl. Hemricourt: Guerre d'Awans et de Waroux ed. Salbray. pg. 328; *„ilh plaidiat — sy que de cas de forche en la justiche de Jardin en palais de Liege, lendemain que Monss. de Liege avait sis avec ly Pays."* (Die Lesart *avec ly Pays*, von Salbray übersetzt: *„dans l'assemblée des estats du Pais"* finde ich allerdings in der H.S. 10313 d. burg. Biblioth.; die Mehrzahl der H.S., darunter die beste, Cod. 664 der Lütticher Bibl. hat: *avait sis alle pays d. i. pais, paix de Liege*; was zu übersetzen: „am Tage, nachdem der Bischof dem Gerichte des Friedens präsidirt hatte.") Vgl. weiter Hemricourt P. d. T. (Polain II. 405). Nachdem die Befugnisse des *Mayeur* beim Friedensgericht aufgezählt sind, wird hinzugefügt: *„et semblament doibt il offichier lendemain, quant monsaingnor sierat en justiche en jardin de son palais";* vgl. auch Jean de Stavelot ed. Borgnet pg. 582: *„Et adonc, le dymengne apres, l'evesque doit scoir en justiche en son palais, por oiir plaintes ou monstrances."* Dieses Verhältniss

erkennung zu bringen [1]), und auch da noch rief die Anwendung desselben auf Seiten der Städte die nachhaltigste Unzufriedenheit hervor.

Zu den Neuerungen des 14. Jahrhunderts gehört es ferner, dass besondere Feudal- und Allodialgerichte eingesetzt wurden. Hatte der Bischof bis dahin über Lehnsangelegenheiten nach Belieben im Lande entschieden, wo sich gerade eine genügende Zahl von Beisitzern zusammenfand; so wurde im Jahre 1386 ein besonderer Lehnsrichter in Lüttich eingesetzt, der in allen Fällen, welche nicht vor das Friedens- und Palastgericht gehörten, den Bischof zu vertreten hatte.[2]) Der Allodialhof hatte sich früher ebenfalls beliebig aus den Allodialbesitzern zusammengesetzt, welche gerade in Lüttich anwesend, zwischen der Cathedrale und Marienkirche

---

macht es erklärlich, dass beide Institutionen bald als eine einzige aufgefasst, bald von einander gesondert, öfters auch mit einander verwechselt wurden. Eine deutlichere Trennung trat erst ein, als die Bischöfe sich des Palastgerichts in der oben erwähnten Weise zur Verstärkung ihrer fürstlichen Ansprüche zu bedienen suchten. Vgl. über die berührten Punkte: Villenfagne, Recherches I., pg. 363 ff.; Raikim: Discours, prononcé à l'audience de rentrée de la cour d'appel de Liége 1848; Borgnet zu Jean de Stavelot pg. 17.

[1]) Die angedeutete weitere Competenz konnte das Palastgericht erst gewinnen, wenn seine Autorität sich auch über die Städte erstreckte. In der Declaration von 1403 wird bestimmt: „*se aucunnes des bonnes villes de Huy, Saintrond, Treit ou autres excepte la Cite avoient aucunes lettres, qui donnees leurs fuissent depart Monsgr. ou autres, par lesqueles volsissent estre exemps dedit appeal, que teles lettres soient cassees et de nulle valeur.*" Lüttich allein blieb dauernd eximirt.

[2]) „*metterons unne personne suffisante et honorable, qui sera notre Lieutenant, pardevant lequel et pardevant nos hommes feodalz on porat faire paroffre, raisner et plaidier parloy en notre Palais de tous cas, qui point ne toucheront aux oeuvres et jugements des Paix et aussi les appeals del aneal de Palaix.*" (Louvrex I. 362).

zur Bildung des Tribunals zusammentraten¹). Erst im Jahre 1386 wurde auch hier ein förmliches Richtercolleg gebildet, das aus einem *Mayeur* und 12 Schöffen bestand und von dem Bischof, dem Capitel und den Bürgermeistern der Stadt gemeinsam besetzt ward²). Auch von den Urtheilen und Entscheidungen dieses Gerichtshofs durfte nicht weiter appellirt werden³).

Um den ganzen Umfang der weltlichen Jurisdiction des Bischofs zu ermessen, haben wir auch schliesslich des Officials zu gedenken, dessen Amt zwar ein geistliches war, dessen Gerichtsbarkeit aber für den ganzen Sprengel, ähnlich wie die der Archidiaconen für die einzelnen Theile desselben, sich auf eine Reihe weltlicher Gegenstände bezog und daher in vieler Hinsicht mit den Befugnissen der Schöffen concurrirte.

War die Gerichtsbarkeit im Gebiete von Lüttich vielfach zersplittert, indem der Bischof dieselbe mit den Domherrn, den Aebten, mit Baronen und Rittern zu theilen hatte: so war die Heergewalt über die Angehörigen des Stiftes ihm ausschliesslich eigen.

Ueber die Organisation des Reichsdienstes wissen wir nichts Näheres; es scheint, dass der Bischof ihn ausschliesslich mit seinen Lehnsleuten zu leisten hatte.

Sicher aber ist, dass freie Vasallen und Ministerialen, Bürger und Bauern der ganzen Landschaft zum Schutz der Kirche, ihres Gebiets und ihrer Rechte verpflichtet

---

¹) S. Beispiele in d. Urk. d. L. Archiv. Schoonbr. 416, 433, 479. 507 und b. S. Bormans: „Les Seigneuries allodiales du pays de Liége." (Liége 1866.)

²) Louvrex I. 367.

³) Hemricourt b. Polain II. 408: „*les homes Monsaignor ou les esquevins de Liège ou les allewens entre Sainte Marie et S. Lambert, qui sont ly trois chieff de nostre pays* —."

waren¹); und in diesem Sinne stand dem Bischof ein unbedingtes Recht zu, über die Wehrkraft der Landesbevölkerung zu verfügen. Bestand die Verpflichtung in gleicher Weise für alle Zugehörigen der Kirche, so kam beim Adel noch das persönliche Band der Diensttreue hinzu. Unter den Mitgliedern desselben war die landsässische Ritterschaft wieder in stärkerer Abhängigkeit, als die freien Herrn, die meist gleichzeitig Vasallen anderer Fürsten waren. Auch die Fürsten Niederlothringens waren durch das Lehnsband an den Bischof gefesselt; kam es aber auch gerade bei diesen häufig vor, dass sie in die enge Beziehung von Ledigleuten, *homines ligii*, zum Bischof traten²), so war auf ihre Kriegshülfe schon darum nicht zu rechnen, weil es in den meisten Fällen an Mitteln fehlte, solchen Vasallen gegenüber die verweigerte Lehnspflicht zu erzwingen. Leichter zur Verfügung stand die Mannschaft des flachen Landes, über welche 'der Bischof ein Recht des Aufgebots übte, auch wenn dieselbe ihm nicht unmittelbar, sondern etwa der Herrschaft des Domcapitels unterworfen war³). Auch die Städte wurden häufig zum Schutze der

---

¹) Vgl. L. Archiv, Schoonbroodt No. 260 die von Wilhelm von Holland und den ihn umgebenden Grossen mit besonderem Bezug auf Lüttich festgestellte Satzung „*responsum exstitit et coram nobis sententialiter diffinitum, quod tam praedicti villicus et scabini, jurati et universi cives Leodienses, quam eciam omnes alii nobiles, comites, vassalli et ministeriales Ecclesiarum omnium in imperio existentium et etiam civitates et opida tenentur possessiones, bona, feuda et allodia Ecclesiarum contra invasorem quemlibet pro viribus defensare;*" vgl. auch Hemricourt b. Polain II. 417.

²) Louvrex IV. 235. Reiffenberg: Monuments pour servir à l'histoire des provinces de Namur etc. I. 129. Hocs b. Chap. II. 373.

³) L. Archiv, Schoonbroodt, No. 490. Als der Bischof die Ortschaft Visé, die früher dem Capitel zugehörte, im Jahr 1310 gegen das Dorf

Landschaft herangezogen; doch errangen sich dieselben in dieser Hinsicht besondere Privilegien. Das Aufgebot musste von ihnen bewilligt werden.¹) Die ausschliessliche Verpflichtung im Fall des Angriffs auf das kirchliche Gebiet wurde in den ältesten Freiheitsurkunden den Städten besonders verbrieft. Ja um vor willkürlicher Belastung vollends gesichert zu sein, erwarben sie das Recht, dass selbst Lehnsmannen, welche den Städten als Bürger angehörten, dem Aufgebot des Bischofs nur dann zu folgen hatten, wenn dieser selbst beim Heere war. Daneben wurden einzelnen Städten zum Theil noch besondere Vorrechte verliehn. Den Bürgern von Huy ward schon im Jahr 1066 zugesichert, dass sie nur dann

---

Amay eintauschte, ward betont, dass das Aufgebot an letzterem Ort beim Bischof und seinen Nachfolgern verbleiben solle: „*sauf ke nous retenons l'ost et le chevaucie dele dite ville et des apartenanches por nous et por nos successeurs.*"

¹) Hocs. Chap. II. 336 wird den Bürgern von Huy nach einem Aufstand als Strafe bestimmt, „*quod Hoyenses cum caeteris bannis ad exercitum cum Episcopo progredi debeant, etiamsi aliae villae liberae Episcopo non concedant;*" vgl. auch die Urkunde für Ciney vom Jahre 1321, in welcher die damals erst zu städtischen Rechten gelangenden Bürger zugestehen müssen. „*Nou devons notre dit: Reverent pere ses successeurs et legliese de Liege servir a armes por le defense et l'onour de pais toutes fois, que mestiers serat et requis en seront depar eaus ou lor listenans en le vile et en ban deseurdis, ensi que nos avons fait jusques a ore sens attendre issue des autres franches villes.*" Die Ausnahmsbestimmung erklärt sich, weil es zum Schutz der von dem übrigen Gebiet getrennt liegenden Ortschaft besonderer militärischer Massregeln bedurfte. Darauf deutet der Anlass, der den Bischof jener Zeit nach Ciney führte: ein feindlicher Ueberfall des Grafen von Luxemburg; sowie die weitere Bestimmung der Urkunde „*et poront toutes fois, quil lour plairat, mettre warnisons encontre tous lour anemis queil quil soient en le ditte vile, qui i aront lour entree lour demoree et lor issue toutes fois, que mestiers serat par jours et par nuit.*" (Liber cartarum 608.)

Heerfolge zu leisten hätten, wenn die Lütticher in der ersten Woche vom Beginn des Krieges an gerechnet ihnen vorausgezogen.¹) Sehr genaue Bestimmungen dieser Art enthält das Lütticher Privileg von Bischof Albert. Die Kriegspflicht der Bürger wird auf den Fall beschränkt, dass eine Festung der Kirche belagert oder von den Feinden eingenommen. Aber auch wenn dies eingetreten, soll der Bischof erst mit seinem übrigen Aufgebot von Rittern, Städten, Bauern zur Vertreibung des Feindes die Waffen ergreifen. Innerhalb zweier Wochen soll er dann die Sache den Lüttichern melden, sie auffordern, sich kriegsbereit zu halten; nur wenn in dieser Zeit der Angriff nicht gerächt worden, soll das Heer der Lütticher vom Vogt der Kirche an die Stätte geführt werden, wo der Bischof sich aufhält; mit diesen sollen sie dann so lange in den Waffen bleiben, bis der Feind zur Ehre des Bischofs und der Kirche zurückgeschlagen.²)

Wir finden also die Militairgewalt einheitlich in den Händen des Bischofs, ihm gegenüber aber die verschiedenen Stände verschieden verpflichtet oder durch Sonderprivilegien in gewisser Weise von der allgemeinen Pflicht eximirt. Bezeichnend aber ist es, wie in diesen Dingen eine Umwandelung eintritt, jemehr sich die verschiedenen Bestandtheile der Landschaft zu einem Ganzen zusammenschliessen. Die Privilegien bestehen zwar fort, aber sie

---

¹) Vgl. Chap. II. 3. u. 4: *Hoyenses armatam militiam nullatenus sequantur, nisi Leodienses a praefixo die belli in octavam eos praecesserint*. Die Stelle ist freilich nur aus dem spätern Bericht des Brusthemius aufgenommen.

²) Vgl. Louvrex I. pg. 3. Warnkönig, Beiträge zur Geschichte und Quellenkunde des Lütticher Gewohnheitsrechts. S. 54. Einen verbesserten Text der betreffenden Urkunde gibt Borgnet im 3. Band des Jean d'Outremeuse.

werden nur noch in Anwendung gebracht, wo es gilt, durch Festhalten an denselben gewisse Ansprüche durchzusetzen. Dafür aber tritt ein viel Bedeutsameres an ihre Stelle: das Recht aller drei Stände, gemeinsam über Krieg und Frieden zu entscheiden.

Die Vertreter des Bischofs beim Heer sind eben so, wie bei der Jurisdiction, von mehrfacher Art. Wo es den Schutz und die Vertheidigung der Kirche galt, waren es in älterer Zeit die Vögte, welche die Unterthanen des Stifts in den Krieg geleiteten; davon scheint sich in späterer Zeit jedoch nur in den Befugnissen des Vogts vom Hasbengau ein schwacher Rest erhalten zu haben. Bischöfliche Beamte sind auch hier in ihre Stelle gerückt; unter ihnen steht der Marschall in erster Linie, der keineswegs bloss Hofbeamter oder Vorsteher von Ministerialen, sondern recht eigentlich — worauf auch der Name *marescalcus patriae* hinweist — ein Beamter des Landes geworden ist[1]) Wenn er überhaupt durch seine Executivbefugnisse eine hervorragende Stellung einnimmt, so ist die militairische Bedeutung doch überwiegend. In der Regel wurden die Häupter der angesehensten Rittergeschlechter für diese Würde auserwählt. Stand unter seiner Leitung insbesondere die ritterliche Mannschaft, so scheint es, dass die Baillis das Aufgebot des flachen Landes zu leiten hatten[2]) Die Bürger dagegen pflegten, sobald sie zu communaler Selbständigkeit gelangt waren, vorzugsweise unter Führung ihrer eignen Magistrate auszuziehn. — Soldtruppen erscheinen nur in Zeiten des Bürgerkriegs, in welchen die Fürsten, aus-

---

[1]) Hocs. Chap. II. 370, 372, 388. Gest. abb. Trud. Pertz SS. X. 415.
[2]) Hocs. Chap. II. 308, 475.

nahmsweise auch wohl die Städte, durch gedungene Mannschaft die ihnen zu Gebote stehende Kraft verstärkten [1]).

Nur andeutungsweise haben wir hier das bischöfliche Finanzwesen zu berühren, da sich für dieses bis in's 14. Jahrhundert keine eigenthümlichen Institutionen gebildet haben. Die Einkünfte des Bischofs fliessen zum Theil aus seinem Mensalgut, von welchem ihm Zins, Zehnte, Naturallieferungen geleistet wurden; dazu kamen Lehnsabgaben, Gerichtsgefälle aus allen Theilen des Landes, in welchen ihm die Jurisdiction zustand, und schliesslich der Ertrag der nutzbaren Regalien. Ueber die genannten Einkünfte übte der Bischof ein freies Recht der Verfügung. Was sich sonst von Spuren einer kirchlichen Finanzverwaltung erhalten hat, insbesondere soweit es sich dabei um Veräusserung, Erwerb oder Belastung von Stiftsgut handelt, betrifft Bischof und Domcapitel gemeinsam; es wird daher in einem andern Zusammenhang davon die Rede sein. Verwalter der speciell bischöflichen Einkünfte sind theils die bereits genannten Baillis, Prévôts, Mayeurs, theils eigens für diesen Zweck ernannte Einnehmer *(receveurs, reciperatores mensae episcopalis.)* [2])

War es überhaupt im Obigen unser Bemühn, in kurzer Uebersicht die Regierungsrechte des Bischofs zusammenzustellen, darauf hinzuweisen, wie dieselben aus verschiedenem Ursprung hervorgehend und in verschiede-

---

[1]) Hocs. Chap. II. 401, 402. Radulphus de Rivo. Chap. III. 26.
[2]) Hocs. Chap. II. 476. Von einer eigentlichen Finanzbehörde (Rechenkammer) findet sich im 14. Jahrhundert noch keine Spur; erst 1419 wird eine *Camera rationaria, Chambre des comptes* erwähnt; vgl. St. Bormans: Chambre des finances des Princes de L. pg. 3.

ner Abstufung geübt, doch auf allen wesentlichen Gebieten des Staatslebens eine starke Regierungsgewalt begründeten, so ist es im Folgenden unsere Aufgabe zu zeigen, wie dieser gegenüber die einzelnen Stände der Landschaft selbständige Rechte zu wahren oder zu erwerben strebten und damit mehr oder minder auch eine Beschränkung der bischöflichen Befugnisse herbeiführten.

Viertes Kapitel.

Die Domherrn und ihre Theilnahme an der Regierung des Hochstifts.

Um die Rechtsverhältnisse des Domcapitels richtig zu erfassen, haben wir zwei Gesichtspunkte zu unterscheiden. Das Capitel hat einerseits Rechte in den speciell ihm zugewiesenen Ortschaften und Ländereien, andererseits hat es bedeutsamen Antheil an der Regierung des gesammten Stiftsgebiets. In erster Beziehung verhalten sich die Domherrn kaum anders, als die Barone und Ritter, denen grösserer Grundbesitz zustand. Sie beziehen nicht nur die Einkünfte von diesen Gütern, sondern im Besitz der Gerichtsbarkeit, haben sie in den ihnen zugehörigen Dörfern Schultheiss und Schöffen einzusetzen. Bedeutsam ist dabei die vollständige Trennung von der bischöflichen Gerichtsbarkeit, wie sie den Domherrn besonders durch das Privileg Heinrich's V. zugestanden war.[1]) Bezieht sich die genannte Urkunde auch vor-

---

[1]) Chap. II. 54, 55.

zugsweise auf die Besitzungen innerhalb der Stadt, indem sie die haus- und hofhörige Dienerschaft der Domherrn von der Gerichtsbarkeit der Lütticher Schöffen eximirte, und auch die Bewohner der zum Capitel gehörigen *Sauvenière*[1]) nur bei schwereren Verbrechen (Raub, Münzfälschung, Aufruhr) der bischöflichen Jurisdiction unterwarf; so wurden durch dieselbe doch auch alle *villici* und sonstigen Beamte des Capitels der Strafgewalt und also auch der Controlle des Bischofs vollständig entzogen.[2])

Die Vögte, die in den einzelnen Ortschaften des Capitels dauernder eine Reihe von Vorrechten, Einkünften und besonders die Jurisdiction über schwerere Verbrechen für sich behaupteten, waren ebenfalls vom Bischof und den bischöflichen Vögten unabhängig; sie mussten vom Kaiser unmittelbar sich mit dem Blutbann belehnen lassen.[3]) Auch die Vögte des Domcapitels wurden iu

---

[1]) Vgl. über diese F. Hénaux. Notice sur le quartier de la Sauvenière à Liége.

[2]) *Item si non cliens vel beneficiatus suus, sed aliquis tantum legationis, vel visitationis gratia ad Canonicum venerit, eundo et redeundo a jure cirili liber erit. — Villicus et omnes officiales ministri de villis ejus liberi erunt (a iure civili).* 1244 hatten die Lütticher Schöffen einen *forestiarius* des Domcapitels verurtheilt; Bischof Robert wurde von dem Decan und den Domherrn veranlasst, das Urtheil für ungültig zu erklären. Die hierauf bezügliche Urkunde ist zugleich wichtig, weil aus ihr hervorgeht. dass man dem ursprünglichen Privileg eine erweiterte Bedeutung für alle kirchlichen Immunitäten beilegte. Es heisst, die Schöffen hätten gehandelt gegen das Privileg *a divo Henrico Romanorum rege quinto indultum, per quod privilegium ministri ecclesiae Leodiensis et aliarum ecclesiarum Leodiensium exempti sunt a foro civili.* (Schoonbroodt 186.)

[3]) Vgl. darüber d. Urk. Friedr. I. Lib. cart. Leod. 6: „*Quapropter omnium tam futurorum, quam praesentium noverit industria, qualiter nos fratres Leodienses pro necessitate ecclesiae suae ad nos directos debita misericordiae pietate atque respectu gratiae nostrae suscepimus,*

ihren Befugnissen seit dem 13. Jahrhundert zum Theil durch *baillis* verdrängt, welche ebenfalls den Blutbann vom deutschen König zu erbitten hatten.[1]) Erst im 14. Jahrhundert, nachdem die Ausbildung der ständischen Rechte alle Bestandtheile der Landschaft zu einer festeren Einheit verbunden hatte, kam die Gerichtshoheit des Bischofs auch auf den Gebieten der Domherrn zu einer gewissen Anerkennung.

Bedeutsamer, als die Rechte des Capitels auf seinen besonderen Besitzungen, ist die Stellung, die dasselbe seit dem 13. Jahrhundert zum Bischof und dem gesammten kirchlichen Territorium erlangte. Hatten die Domherrn schon früher bei der Ausübung der canonischen Bischofswahl einen hervorragenden Antheil, so stand ihnen dieselbe in dieser Zeit ausschliesslich zu. Es ist ferner bereits darauf hingewiesen, dass Bischof und Domcapitel

---

atque jus advocatorum atque terminum juris eorum ex sententia et judicio principum praedecessorum nostrorum decretum et tempore gloriosi regis felicis memoriae Cuonradi patrui nostri renovato judicio confirmatum auctoritate nostra ratum facimus et inconvulsum conservari praecipimus. Ne autem ultra statutum jus advocatorum aliquis temerario ausu progrediatur, de jure eorum hoc decernere curavimus, neminem advocatum esse debere, vel advocatiam exercere, nisi quem constaret bannum regiae auctoritatis habere, nihilque ultra debere exigere, quam quod auctoritas privilegiorum atque testimonium scabinorum et villarum fidelium perhiberent veraci attestatione etc." Die Urkunde scheint im März 1152 ausgestellt zu sein, da der König sich zur Krönung nach Aachen begeben hatte. (*A. dominicae incarnationis 1152 indictione XV., regnante Frederico, Romanorum rege 1, anno vero regni ejus 1. Actum Aquisgrani in Christo feliciter. Amen.*) Die Zeugen sind mit denen, welche in der Urkunde für Stablo vom 9. März 1152 erscheinen (Miraeus I. 698), nahezu übereinstimmend.

[1]) Ueber die Belehnung des *bailli* durch den Kaiser vgl. L. Archiv, Schoonbroodt No. 358.

in vieler Beziehung als die gemeinsamen Inhaber der Rechte des Stifts erscheinen. Während der Vacanz sind die Domherrn ausschliesslich im Besitz derselben. Ausgenommen sind nur diejenigen Befugnisse, welche der Bischof selbst nicht sofort nach seiner Wahl, sondern erst nach der kaiserlichen Belehnung ausüben darf: d. i. die Handhabung der Criminaljustiz und die Bestätigung der kirchlichen Lehen. Die übrigen Rechte verwaltet das Capitel zum Theil selbst, theils werden dieselben einem adeligen Herrn des Landes, dem sogenannten Mambour[1]) übertragen, dem die Sorge für den Schutz und den Frieden des Kirchengebiets obliegt. Zur Ernennung des Mambour war bis zum Jahr 1344 das Capitel allein berechtigt. Dasselbe übt ausschliesslich während der Vacanz die Sorge für die Festungen des Landes, wenn nicht ausnahmsweise einer Commune die Bewachung der bei ihrer Stadt gelegenen Burg, als ein besonderes Privilegium zugestanden war.[2])

---

[1]) Ueber Ableitung und Bedeutung dieses Namens vgl. Ducange IV. 212.

[2]) Vgl. Hemricourt b. Polain II. 401. Hocsem Chap. II. 355, 475. L. Archiv, Schoonbroodt No. 363. Ueber das besondere Privileg Huy's, während der Vacanz das *castrum* zu bewachen vgl. Chap. II. 3. Da die Kosten der Bewachung aus den Einkünften der Festung bestritten wurden, so hörte auch hier nicht völlig die Controle des Domcapitels auf. Der Friede von Hansinelle bestimmte darüber im Jahre 1314: „*Item nous* (d. Bürger von Huy) *consentons que dors en avant tant que le siege serat vasque, le chapitre de l'eglise de Liege et nous par commun accord taxerons et estimerons les despens de deux proidhomes, que nous la ville de Huy devons eslir en notre conseil et mettre de sapmaine en sapmaine pour ledit chasteau a garder, et que le receveur de l'Evesque de Liege, qui serat pour le temps, livre touttes les rentes et revenues deseurdits et fasse asse aux gardes dudit chasteau de sapmaine a sapmaine de leurs despens, selon la taxation devantdite.*" (Cod. Wachtendonck).

Wichtiger noch sind für unsere Betrachtung die Rechte, welche dem Capitel bei besetztem Stuhle zustehn. Ist der Bischof, als erwählter Vorsteher der Kirche bevollmächtigt, die derselben übertragenen Güter und Rechte zeitweilig zu handhaben: so liegt es dem ihm zugesellten Domcapitel ob, für die dauernd unversehrte Erhaltung dieser Güter und Rechte zu sorgen, auch dem Bischof gegenüber für dieselben einzustehn. Unter diesem Gesichtspunkt lassen sich alle die verschiedenen Befugnisse des Domcapitels einheitlich zusammenfassen, die sich theils auf eine Theilnahme an den Regierungshandlungen des Bischofs, theils auf eine Controlle über dieselben beziehn. Hierher gehört in erster Linie die Sorge für die Erhaltung des kirchlichen Territoriums. Wir sehen nicht den Bischof allein, sondern mit ihm ganz vorzugsweise die Domherrn für die Vermehrung der Stiftsgüter bemüht, gleichviel ob es sich dabei um Ankauf von Capitelgütern, um Gewinnung von Kirchenfestungen, oder um solche Erwerbungen handelt, durch welche nur das Mensalgut der Bischöfe bereichert ward. Charakteristisch sind in dieser Hinsicht die Opfer, welche für die Erwerbung von St. Trond geleistet wurden. Um dieses von der Kirche von Metz zu gewinnen, übergibt das Domcapitel den ihm seit den Zeiten Karl's des Dicken zugehörigen Hof Maidieres und bringt durch Auflage einer Lebensmittelsteuer in Lüttich, welche Bürger und Kirchen gleichmässig beschwerte, die ausserdem geforderte Summe von 2000 Pf. zusammen.[1]) Der

---

[1]) Chap. II. 246. ff. L. Archiv, Schoonbroodt No. 142. Die Gest. abb. Trud. (Pertz SS. X. 393) berichten: *„Anno domini 1237. Capitulum Leodii per solempnem commutationem pro curia beati Lomberti, dicta Maidieres, quae sita est in episcopatu Metensi. acquisivit*

Tausch findet den Urkunden zufolge auch förmlich zwischen dem Bischof Johann von Metz und dem Domcapitel von Lüttich Statt; die erworbenen Güter werden Allodien von S. Lambert; doch erhalten die Domherrn keineswegs einen Antheil an demselben; der Bischof von Lüttich hat künftig den Abt von St. Trond zu belehnen, mit diesem theilt er die Jurisdiction und die Einkünfte der Stadt; dem Bischof allein hat der Tausch zu unmittelbarem Gewinn gereicht; und es erhellt genügend, dass die Domherrn Minderung eignen Besitzes erfahren, um dadurch dem Stift eine dauernde Machtförderung zu gewähren. — In ähnlicher Weise bemerkenswerth sind die Bemühungen des Domcapitels, um die Vereinigung der Grafschaft Loen (Looz) mit dem Kirchengebiet zu erwirken. Als im Jahre 1336 Graf Ludwig ohne männliche Descendenz verstorben, war nach der Meinung des Capitels das Gebiet desselben, oder genau gesprochen das Grafschaftsrecht über dies Gebiet, und ausserdem drei Allodien der Kirche anheimgefallen. Der Bischof, der aus Verwandtschaftsrücksichten einen andern Prätendenten begünstigte, weigerte sich, das Lehen für sich und seine Kirche einzuziehn. Obwohl nun die Vortheile, welche aus einer Vereinigung jener Grafschaft mit dem Terri-

---

sibi jus, quod Metensis ecclesia in Leodiensi episcopatu obtinuit, medietatem scilicet opidi Sancti Trudonis cum omni dominio et justicia ac ceteris villis ultra Mosam sitis, et hominibus tam nobilibus, clericis, quam laicis et quidquid juris in abbatiis in Leodiensi episcopatu sitis obtinuerit." Trotzdem tritt weder in der Chronik von St. Trond, noch sonst irgendwo hervor, dass das Capitel über Stadt und Abtei besondere Befugnisse gewonnen oder daselbst irgend andere Rechte geübt hätte, als in allen den Gebieten, die unmittelbar dem Bischof untergeben waren.

torium Lüttichs entsprangen, dem Bischof ganz ausschliesslich zufallen mussten: ist das Capitel mehrere Jahrzehnte hindurch mit äusserster Consequenz, mit Aufwendung aller denkbaren Bemühungen und Opfer bestrebt, den Wünschen des Bischofs entgegentretend, die vollständige Besitznahme und den Anschluss von Loen an das Gebiet der Kirche durchzusetzen.[1]

Wie ein nicht geringer Theil des Territoriums vorzugsweise durch Bemühung und Vermittlung des Domcapitels erworben war: so lag noch mehr die unverkümmerte Erhaltung desselben in ihrer Obhut. In diesem Sinne war das Verfügungsrecht des Bischofs über sein Mensalgut wesentlich eingeschränkt. Jede Veräusserung, Verpfändung, Vertauschung der Besitzungen des Bischofs war ungültig, wenn er nicht zuvor die Zustimmung des Capitels erlangt hatte. Wünschte der Bischof eine Anleihe zu erheben, oder überhaupt mobiles Capital zur Verfügung zu erhalten und zu diesem Zweck seine Tafelgüter mit einer Schuld zu belasten: so war auch das nur nach ausdrücklicher Genehmigung der Domherrn zulässig, selbst wenn es dabei auf die wichtigsten Interessen, etwa auf Bestreitung von Kriegskosten ankam.[2] Damit

---

[1] Hocs. Chap. II. 429 ff. Sehr bezeichnend für das angedeutete Verhältniss ist der Brief, den die Domherrn am 25. Septbr. 1346 nach Rom richteten; b. Hocs. Chap. II. 489. „*Verum quia bonae memoriae Dominus Adolphus penultimus Leodiensis Episcopus, cujus expensis debuisset negotium agitari, cum ad mensam ipsius respiceret lucrum causae, quicquam apponere noluisset et Cononici residentes de victoria litis pro suis personis et suis successoribus nihil lucri penitus expectarent etc.*"

[2] Dass dies schon mit Beginn des 13. Jahrhunderts gültige Regel war, beweist die Urkunde 116 des Lib. cart. eccles. Leod., auf die wir unten zurückkommen. Mit besonderer Berücksichtigung der Kirchen-

hängt zusammen, dass auch die Verwendung von Capitalien, welche aus einem Verkauf oder einer Belastung von Kirchengütern entstanden, der Controlle jener Körperschaft unterlag. Als die Stadt Mecheln im Jahr 1334 an den Grafen von Flandern veräussert wurde, war es nicht der Bischof allein, der den Kaufvertrag abschloss; neben seinen Bevollmächtigten wurden auch einige Domherrn

---

festungen wird das Aufsichtsrecht des Capitels im Jahr 1289 noch einmal ausdrücklich vom Bischof Johann von Flandern bestätigt: „*Ordinamus et statuimus, quod nullus Episcopus Leodiensis, qui pro tempore fuerit per se vel per alium, nec ipsius Episcopi marescalci seu ballivi vel alii castra, oppida, villas firmatas seu alias munitiones vel jurisdictiones aliquas Episcopatus Leodiensis praeter voluntatem et consensum unanimem praepositi, decani, archidiaconorum et capituli Leodiensis alienare vel obligare possint pro aliqua summa pecuniae; vel quacunque alia re, et si aliqua alienatio vel obligatio facta fuerit de praedictis etc. — — quod talis alienatio vel obligatio nulla sit ipso jure. Item statuimus, quod quociescunque aliquis Episcopus Leodiensis de novo recipiendus fuerit, jurabit inter cetera, quod praeter consensum et voluntatem praepositi etc.*“ (Lib. cart. eccles. Leod. 399.) Eine ausnahmsweise Belastung seines Mensalguts wird dem Bischof Johann im Jahre 1287 vom Propst und Domcapitel gestattet (L. Archiv, Schoonbroodt No. 404.): „*Cum Episcopus pro defensione et tuitione episcopatus — — plures labores sustinuerit et expensas diversas fecerit in tantum, quod in diversis est debitis propter hoc obligatus: nos de communi consensu et deliberatione praehabita diligenti, capitulo ad hoc assignato, ne debita hujusmodi per usuras vel alias augmententur, consentimus, volumus et concedimus, quod idem dominus episcopus ad solutionem debitorum suorum mutuum recipere et contrahere possit ad summam — — et assignare dictam solutionem faciendam ad certa bona — dumtaxat ad episcopum Leodiensem praedictum pertinentia etc.*“ Vgl. ferner Cod. dipl. nach d. Ausg. von van Heelu p. Willems pg. 450: „*En apres le devantdis Dus nous a encovent a pourcachier — — ke li chapitres de S. Lambeirt de Liege consentee et gree, ke nous puissiens pourcacier fin d'empruntcir wit mil livres paris. sur les biens temporeis de nostre eveschei.*“

im Namen des gesammten Capitels abgesandt, um mit dem Grafen zu verhandeln. Bischof und Capitel traten letzterem gemeinsam ihre Rechte ab, woraus vollends erhellt, dass auch den Domherrn ein Mitbesitzrecht an den Gütern der Kirche eingeräumt war. In der Versammlung derselben ward mit dem Bischof über die künftige Verwendung der empfangenen Summe von 100,000 Gulden berathen und bestimmt, der grössere Theil von 80,000 solle zum Erwerb neuer Tafelgüter, 10,000 zur Einlösung verpfändeter Mensalgüter und zur Herstellung und Errichtung von Landesfestungen, nur 10,000 für Vermehrung der Güter und Einkünfte des Capitels aufgewandt werden. Bischof und Domherrn schwuren dafür einzustehn, dass die Summe nicht anders, als für Vermehrung der Kirchenbesitzungen verausgabt werden solle; bis zur Verwendung aber blieb die gesammte Summe der Obhut der letzteren anvertraut; diese waren somit im Stande, auch den Verbrauch des kleinsten Theils zu andern, als von ihnen gutgeheissenen Zwecken zu verhindern.[1]

Auch sonst fehlt es nicht an Beispielen, dass man den Domherrn Summen Geldes zur Aufbewahrung gab, wenn die Verwendung derselben für das allgemeine Interesse der Kirche bestimmt war. Die Stadt Tongern war im Jahr 1323 mit einer Strafe belegt wegen einer Beleidigung, welche die Bürgerschaft dem Bischof zugefügt hatte.[2] Die Hälfte der Busssumme ward nach Bestimmung der bischöflichen Urkunde den Domherrn übergeben, nicht etwa weil auch diese eine Kränkung erlitten, auch nicht zu eigenem Gebrauch, sondern damit dieselben

---

[1] L. Archiv, Schoonbroodt No. 596. Hocsem, Chap. II. 430, 447.
[2] L. Archiv, Schoonbroodt No. 1291.

vermittelst dieser Summe eine Befestigung innerhalb der Landschaft herstellen. Die Burgen und Schlösser, auf denen Schutz und Frieden des Kirchengebiets beruhte, standen überhaupt unter der besondern Fürsorge der Domherrn. Die Castellane durften ihr Amt nicht eher antreten, als bis sie diesen den Eid der Treue geleistet hatten.[1]) Auch wurde von Seiten des Capitels besonderes Gewicht darauf gelegt, dass die Burgmannschaft nur an Ministerialen des Stifts verliehen wurde[2]); wobei wohl die Betrachtung massgebend war, es möge die Belehnung freier Vasallen leicht eine Entfremdung der übertragenen Burg von der Kirche zur Folge haben. Waren die Castellane dem Capitel seit der Zeit Johann's von Flandern zur Leistung eines besonderen Treuversprechens verbunden: so waren auch die übrigen Ritter, Vasallen, wie Ministerialen der Kirche neben dem Bischof auch den Domherrn verpflichtet. Besonders bei den grösseren Vasallen, zumal bei alle den Fürsten und Grafen, die als Pairs des heiligen Lambert einzelne Stiftsgüter innehatten, geschah die Belehnung und Huldigung meist im Versammlungssaale des Capitels oder doch in Gegenwart seiner angesehensten Mitglieder. Insofern sie mit kirchlichen Allodien ausgestattet waren, hatten sie dem Hochstift, d. h. den

---

[1]) So heisst es in der vorhin angeführten Urkunde Lib. cart. 499 gegen Schluss: „*Rem statuimus et ordinamus, quod quum aliquis castellanus in aliquibus castris Episcopatus Leodiensis instituetur vel creabitur, ille castellanus, qui sit instituendus, antequam ad castrum veniat, vel ipsum intret tanquam castellanus, comparebit in capitulo Leod. et tactis ab eodem corporaliter sacrosanctis in dicto capitulo coram decano, archidiaconis et capitulo jurabit etc.*"
[2]) So erklären wir die in den Urkunden des L. Archiv, Schoonbroodt No. 73 u. 265 erwähnten *homines de casa Dei.*

zeitweiligen Vertretern desselben Schutz und Treue zu geloben [1]).

Aber auch wo derartig unmittelbare Beziehungen zum Grundbesitz der Kirche nicht vorlagen, fand bei den meisten bischöflichen Acten und Erlassen eine Mitwirkung der Domherrn Statt. Diese tritt äusserlich darin hervor, dass sie urkundlichen Bestimmungen des Bischofs das Siegel des Domcapitels beifügten. Es wird damit ausgedrückt, dass der Wille und die Handlung des einzelnen Stiftsvorstehers sich mit den Interessen der Kirche im Einklang befindet, und darum auch für letztere in ihrem dauernden Bestande, also auch für die nachfolgenden Bischöfe Gültigkeit besitzt. Es ergibt sich aus der Stellung der Capitularen weiter, dass wenn der Bischof nur seinen persönlichen Wunsch und Vortheil befolgend, den Rechten und Interessen der Kirche zuwider handelte, wenn er sich überhaupt der Mitwirkung und Controlle jener zu entziehen suchte; denselben ein Recht der Einsprache, nöthigenfalls ein unmittelbares Einschreiten zustand. Indem aber das kirchliche Territorium allmälig einen mehr staatlichen Charakter annahm; so ward die Befugniss des Capitels, die Rechte der Kirche zu wahren, mehr und mehr in eine weltliche Macht, in eine politische Controlle der bischöflichen Regierung umgewandelt. Der Satz: *episcopus nihil agat sine presbyterio*, der ursprünglich wohl nur die geistliche Amtspflege des Bischofs anging, fand hier allmälig auch in weltlichen Dingen die weitgehendste Anwendung.

Die bischöflichen Befehle und Anordnungen werden seit dem 13. Jahrhundert fast regelmässig auch im Namen,

---

[1]) Vgl. z. B. Louvrex. IV. 235. L. Archiv, Schoonbroodt No. 604.

also auch nach Beschlussfassung des Capitels erlassen, mag es sich dabei um Verfügungen für einzelne Ortschaften des Landes, um Ertheilung und Bestätigung von Privilegien und Statuten etc., oder um Verträge, Auseinandersetzungen mit auswärtigen Fürsten handeln.[1]) Sowohl auf die innere, wie auf die äussere Politik des Bischofs übt somit das Capitel einen massgebenden Einfluss. Selbstverständlich waren daher die Angehörigen des bischöflichen Territoriums in den Bereich ihrer Fürsorge hineingezogen. Die Pflicht, gegen Bedrückung und Benachtheiligung dieser Schutz zu verleihen, auch in dieser Hinsicht Uebergriffen des Bischofs vorzubeugen, entsprang gleichfalls dem Beruf des Domcapitels, für die hergebrachten Rechte des Hochstifts einzustehn. Nach dieser Seite bedeutsam ist eine Urkunde Innocenz III., in welcher er mehrere Kölner Geistliche beauftragt, über eine Reihe von Beschwerden zu entscheiden, welche die Lütticher Domherrn bei der päpstlichen Curie gegen ihren Bischof vorgebracht hatten. Diese beziehen sich zum Theil auf Fälle, in denen nur das besondere Recht der Capitularen beeinträchtigt war; daneben aber war geklagt worden, dass der Bischof falsche Münze in Umlauf gesetzt, dass er

---

[1]) Sämmtliche städtischen Verfassungsurkunden, welche der Bischof ertheilt, sind zugleich auch im Namen des Capitels erlassen. Auch fehlt es nicht an Beispielen, dass die Domherrn einem Act des Capitels den Consens entschieden verweigern, z. B. 1341 als Adolf von der Mark mit den Bürgern von Huy wegen des bei Zinszahlungen gültigen Tarifs ein Abkommen treffen wollte. Das Gleiche geschah häufig auch bei Acten der äusseren Politik. Da der Bischof Adolf im J. 1339 mit Johann von Luxemburg ein Bündniss auf 40 Jahre abgeschlossen und die Bestätigung des Capitels verlangte, protestirten zwei Domherrn, *„quia nobis videbatur per hoc injuste futurus Episcopus obligari.“* (Hocs. Chap. II. 466, 452.)

einen grossen Theil des Geldes, welches Kirche und Volk für die Erwerbung von Musal gezahlt, desgleichen eine Summe, welche ihm zur Einlösung der Vogtei von Ciney überwiesen war, für seine persönlichen Zwecke aufgewandt, dass er ferner die Castelle von Rochefort und Clermont, welche der Kirche als Schenkung dargebracht worden, einigen adligen Herrn zu Lehen ertheilt und damit die Angehörigen der Kirche, die im Besitz besonderer Freiheit gewesen, einer drückenden Knechtschaft preisgegeben habe.¹) In diesen und andern Punkten, in welchen das Capitel gegen den Bischof Klage erhebt, tritt neben der Wahrung kirchlicher Rechte und Güter auch die Sorge für das Recht der Stiftsangehörigen, für die Bevölkerung der Landschaft in den Vordergrund. Weiter noch ging darin die Thätigkeit der Domherrn, da sie im Jahre 1234 den Bischof zwangen, hinsichtlich der Er-

---

¹) Vgl. Lib. cart. 116: *Innoc. eps. dilectis filiis S. Georgii et S. Cuniberti Decanis et Scolastico S. Severini Colonien. salutem et apostolicam benedictionem. Dilectus nuncius dilectorum filiorum praepositi et decani et capituli ecclesiae Leodiensis adversus venerabilem frem. nrm. Leod. Epm. diversa proposuerunt genera quaestionum — — compositionem inter ipsos ex parte una et eundem episcopum ex altera super falsa moneta, quam in eorum dispendium et tocius Leodiensis dioc. fecerat ut proponitur cudi amicabiliter celebratam — — observare contemnens, majorem partem ingentis pecuniae, quam pro bonis de Musal ad opus ipsius ecclesiae acquirendis per ministros suos tam a clero, quam populo Leod. dioc. colligi fecerat non sine ipsorum gravamine ac jactura in usus convertit proprios etc — — Castellis de Rochefort et Clermont, quae eidem ecclesiae a fidelibus sunt pia devotione collata, per eundem Epm. quibusdam nobilibus concessis in feuda, familiam ecclesiae, quae libertate speciali gaudebat, in gravem servitutem redegit etc. Datum Laterani 13 Kl. Januarii pontificatus nostri anno 14.* Zu beachten ist ferner, dass bei allen Handlungen, welche in dieser Urkunde dem Bischof zum Vorwurf gemacht werden, zugleich das *illis inconsultis, canonicis irrequisitis* betont wird.

nennung der Schultheissen und Schöffen in den drei bedeutendsten Städten der Landschaft, Lüttich, Huy, Dinant sich der Entscheidung von Schiedsrichtern zu unterwerfen. Dem erfolgten Spruche gemäss musste der Bischof geloben,[1]) dass er die Stellen der Schultheissen und Schöffen in jenen drei Städten, ohne irgend Entgelt oder Dienstleistung zu verlangen, stets nach bestem Gewissen dazu tauglichen Männern übertragen wolle. Er musste versprechen, jedes Mal nach der Wahl den Decan und 5—6 angesehene Domherrn herbeizurufen; damit in ihrer Gegenwart auch die Ernannten eidlich versicherten, dass weder sie, noch Andere im Interesse ihrer Wahl sich einer Bestechung schuldig gemacht. Die Schöffen sollten überdies geloben, nach bestem Gewissen und bester Einsicht das Recht sprechen zu wollen, wie es dem überlieferten Herkommen des Landes gemäss sei. Zur Verstärkung der Massregel ward weiter bestimmt, dass alle künftigen Bischöfe bei ihrer ersten Anwesenheit in der Cathedrale nach ihrer Bestätigung ein gleichlautendes Versprechen durch ihren Eid bekräftigen sollten.[2]) Es liegt hiermit ein augenfälliges Beispiel vor, wie das Capitel die ihm zustehende Gewalt zum Schutz der Landesfreiheiten verwandte und in diesem Sinne der Thätigkeit der Landstände vorarbeitete.

---

[1]) Vgl. d. Urkunde, welche G. de Lauduno Rem. Canonicus, der zu den Schiedsrichtern gehörte, im Jahre 1234 mens. Januar. ausstellte. (Lib. cart. eccl. Leod. 129.)

[2]) *Praeterea per ordinationem nostram statuetur — — Episcopo ista consentiente et praesente, quod successores ipsius Episcopi in primo adventu suo ad ecclesiam S. Lamberti post confirmationem suam ordinationem istam de scabinatibus et maioriis taliter assignandis sive conferendis et de juramentis praestandis praedictis necnon et de conrictis de perjurio ab officio amovendis jurabunt bona fide se observaturos.* (l. c.)

War in vieler Hinsicht die Machtstellung der Lütticher Domherrn nicht verschieden von der, welche die Canoniker in andern Bisthümern einnahmen und oft durch Wahlcapitulationen zu befestigen und zu verstärken strebten; so darf dabei doch auch ein erheblicher Unterschied nicht übersehn bleiben. Wurden die Befugnisse, welche die Lütticher Domherrn im Interesse der Kirche und des Landes übten — so auch jene seit dem Jahr 1234 neugewonnene Controle über die Ernennung von Schultheissen und Schöffen — als ein dauernd gültiges Recht anerkannt, an dessen Beachtung jeder Bischof schon durch Empfang seiner Würde gebunden war, dessen wesentlicher Inhalt daher erst nach der förmlichen Einsetzung *(incathedratio)* von ihm beschworen wurde[1]: so mussten in andern Bisthümern durch Aufstellung von Wahlcapitulationen jene Rechte und Ansprüche immer auf's neue errungen und sichergestellt werden. Wo das Letztere der Fall ist, haben wir es gewissermassen nur mit einem zeitweiligen Vertrag zu thun; indess die Verpflichtungen der Lütticher

---

[1] Math. de Lewis (ed. Bormans) 108: „*ita perimis jura beati Lamberti. Nonne scis, quod super majus altare beati Lamberti dominus episcopus Leodiensis jurat, postquam incathedratus fuerit, astantibus canonicis, decano legente articulos distincte et aperte etc.*" Es werden dann einzelne der *articuli* aufgeführt, z. B.: „*quod scabinatus maiorum* (es ist wohl *maiorias* zu lesen) *civitatis Leodiensis, oppidorum Hoyensium et Dyonensium cum reliquis non vendes alicui etc.*" Dass die verschiedenen Punkte nicht wie eine Wahlcapitulation beschworen wurden, sondern von dem bereits Gewählten als Bestimmungen von dauernder Gültigkeit anerkannt werden mussten, zeigt sich auch darin, dass vor den eigentlichen Versprechungen als *primus articulus* eidlich bekräftigt wurde, *quod canonice sis adeptus episcopatum.*

Bischöfe ihrem Capitel gegenüber durch Bestimmungen von dauernder, verfassungsmässiger Gültigkeit begründet waren.

Fünftes Kapitel.

Die Lehnsmannen des Stifts und die Hof- und Ritter-Versammlungen.

Die Ritterschaft der Landschaft Lüttich ist theils aus Ministerialen, theils aus freien Vasallen hervorgegangen; doch scheint der Unterschied zwischen beiden bereits gegen Mitte des 13. Jahrhunderts nahezu ausgeglichen. Der Ausdruck Lehnsmannen *(homines feodales, hommes de fief)* umfasst in dieser Zeit beide Classen gleichmässig. Später wird auch die Bezeichnung *nobiles* für Ritter gebraucht, deren Namen früher stets unter der Zahl der Ministerialen aufgeführt worden.[1]) Es deutet diese Veränderung der Benennung auch wohl eine Aenderung der rechtlichen und socialen Stellung an: die Ministerialen sind gleich den Vasallen zu selbständigen Herren *(Seigneurs)* geworden, welche nur eine lose Abhängigkeit an den Bischof und seine Kirche fesselte.

Auf ihren Gütern waren die Ritter im Besitz eigener Gerichtsbarkeit, und es galt als arge Verletzung ihres

---

[1]) Vgl. den Brief Adolfs von der Mark an den König von Frankreich, b. Hocs. Chap. II. 401, 402: *nonnulli feodales Ecclesiae ratione feudi Episcopo quaedam in domo, quaedam extra exhibere ministeria certa tenentur;* auch diese letzteren, die Hof- und Landesbeamten des Bischofs — es wird hier besonders auf den *baillivus in Condrosio*, den *camerarius* und den *cocus episcopi* Bezug genommen (l. c. pg. 392) — fallen unter den Begriff der *nobiles*, deren rechtliche Stellung durch die unten citirten Worte *in territorio siquidem ff.* geschildert wird.

Rechts, wenn ein bischöflicher Beamte ihre hörigen Leute zur Verantwortung oder zur Strafe zog.¹) Nach aussen hin waren sie durch die Lehnsabhängigkeit von der Kirche keineswegs behindert, bei fremden Fürsten Dienste zu suchen²), und wir sehen oft genug den Adel des Lüttichschen Landes an den Kriegen der französischen Könige Antheil nehmen. Bedenklicher noch war das Privileg, das ihnen gestattete, nach Belieben Fehde zu führen, wenn sie dabei nur keine Häuser niederrissen, sich des Raubs enthielten und die von der Kirche gebotenen Waffenruhen beachteten. Tödtung des Gegners in der Fehde war kein Gegenstand der Klage.³) Dazu

---

¹) Vgl. Chap. II. 308, 309. Jean d'Outremeuse III. fol. 102 r. ff. Im Jahr 1275 soll ein Krieg zwischen der Landschaft Lüttich und den Nachbarfürsten dadurch entstanden sein, dass der bailli von Condroz einen Bauer erhängen liess, der zum Gebiet und zur Jurisdiction des Herrn von Goncs gehörte. Nach Andeutungen bei Hocsem und Joannes Presbyter und nach der ausführlichen Erzählung bei Jean d'Outremeuse hätten in Folge dieses Vorfalls mehrere Ritter der Landschaft die Hülfe des Herzogs von Brabant und der Grafen von Flandern, von Namur, von Luxemburg herbeigerufen. Der Vergleich mit den dahin gehörigen Urkunden lehrt, dass die Details dieser Erzählungen wenig zuverlässig sind; vgl. Alph. Wauters: Le duc Jean I., pg. 81 ff.; aber schon der Umstand, dass ein solches Motiv in die Ueberlieferung übergehn konnte, macht es wahrscheinlich, dass es den bestehenden rechtlichen Verhältnissen entnommen war.

²) Hemricourt, Abrégé des Guerres d'Awans et de Waroux (ed. Salbray) pg. 343.

³) Vgl. in dem oben citirten Brief, Chap. II. 401: „*In territorio siquidem Leodiensis Ecclesiae consuetudo quaedam viguit ab antiquo, qua nobilibus terrae fas est arma movere, dummodo treugas non violent, domos non effringant, a spoliis abstineant et ab igne.*" Hemricourt, Guerres d'Awans et de Waroux (ed. Salbray) pg. 345: „*comme ladite loy soit telle, que ly werre ovierte jugie apres le promier mor, ly Sire du pays de dont en avant n'y aiet point de hauteur, ne de poissanche se nul ou plus en moroyent delle werre, mais que les parties soy wardassent d'ardoir ly un sor l'atre.*"

kam, dass unter dem Lüttichschen Adel das alte Herkommen bestand, sobald ein Blutsverwandter oder sonst ein naher Angehöriger in eine Fehde verwickelt, in derselben gefallen war, wider den Gegner mit aller zu Gebote stehenden Kraft in den Kampf einzutreten.¹) Auf diese Weise hatte sich gegen Ende des 13. Jahrhunderts aus an sich unbedeutendem Anlass ein 45jähriger Hader entsponnen, in welchen allmälig fast alle Rittergeschlechter verwickelt wurden, ohne dass die bischöfliche Landes- und Lehnshoheit dauernd durchzugreifen vermochte. Wenn nach jedem Todtschlag es dem Verwandten des Gefallenen gestattet war, beim Bischof um einen vierzigtägigen Waffenstillstand anzuhalten — ein Recht, welches die Folgen jener Blutrache verhindern, oder doch mildern sollte: so wurde die Waffenruhe jetzt durchgängig benutzt, um neue Bundesgenossen unter den Rittern der Landschaft zu gewinnen und so beim Wiederbeginn der Fehde die Zahl der Kämpfenden zu vermehren. Was aber dem Bischof allein nicht gelungen, ward im Jahr 1335 durch gemeinsamen Beschluss des Bischofs, des Domcapitels und der Städte durchgesetzt. Der von diesen bewirkte Frieden brachte nicht nur eine Versöhnung unter den kämpfenden Ritterparteien der Awans und Waroux, sondern überhaupt eine Beschränkung des Fehderechts zu Wege. Ward damit die Ritterschaft mehr einen staatlichen Verbande eingefügt: so beschränkte sich bis zu jenem Frieden die Abhängigkeit des Adels vom Bischof nur auf wenige Beziehungen. Die Ritter waren verpflichtet, demselben Heerdienst zu leisten, unbedingt, d. h. bei Verlust ihrer Lehen, wo es den Schutz des Stifts,

---

¹) Hemricourt, Guerres d'Awans et de Waroux (ed.Salbray)pg.346.

seiner Festungen und Güter galt; im Uebrigen wohl nur nach vorausgegangenen Bedingungen und besonderer Verabredung.¹) Die Ritter waren ferner verpflichtet, als Urtheiler bei den bischöflichen Gerichten zu erscheinen, sei es bei einfachen Lehnsentscheidungen, sei es an einer der 12 bischöflichen Gerichtsstätten oder beim Gerichte des Friedens, für welches letztere freilich nicht allein die eigentlichen Vasallen des Bischofs, sondern sämmtliche Ritter und Ritterbürtige der Diöcese zur Theilnahme verbunden waren.²) Hatten sich nun auch die Lehnsmannen selbst der Gerichtsbarkeit des Bischofs und ihrer *pares*, namentlich dem Gerichte des Friedens zu unterwerfen, so genossen sie doch so mancherlei Privilegien, dass die Freiheit und Ungebundenheit ihrer Stellung durch die lehnsherrliche Justiz nur wenig geschmälert war. Einerseits genügte in den meisten Fällen der Eid, um den Adligen von jeder Anklage zu reinigen.³) Anderseits stand ihm die Berufung zum gerichtlichen Zweikampf zu, bei welchem freilich vor dem Gericht des Friedens der Unterliegende, falls es der Kläger war, mit Verlust der Hand, falls der Angeklagte, mit Verlust des Hauptes bestraft wurde.⁴) Der Bischof und die unteren Stände vereinigten sich oft in dem Wunsche,

---

¹) Hemricourt. P. d. T. b. Polain II. 417.

²) *Et sunt judices pacis omnes barones de tota Diocesi, et infiniti milites et militares.* (Positio pro justificatione judicii pacis.)

³) Hocsem Chap. II. 370. Hemricourt, Polain II. 412 u. 413.

⁴) *Sed ponamus, quod isti pugnantes sunt ita duri, quod nullo modo concordare, vel judicio pacis stare volunt, sed pugnant, donec unus capit alium et unus reddit se alteri, tunc preces Episcopi nihil possunt plus prodesse — — si appellans perdit, faciunt sibi amputari manum, si appellatus perdit in duello, amputari faciunt sibi caput. Appellanti ideo manus amputatur et non caput, cum ipse civiliter appellat coram Episcopo et judicibus pacis, nec est in potestate sua, appellatum vocare ad duellum, sed est in potestate appellati.* (Positio pro justif. jud. pacis.)

dem Adel die genannten Privilegien zu entreissen, auch ihn einem geregelten Untersuchungs- und Beweisverfahren[1]) zu unterwerfen; doch bis zum 14. Jahrhundert ist in dieser Hinsicht keine nachhaltige Neuerung durchgeführt.

Auf die Geschicke des Landes übten die Ritter einen nicht geringen Einfluss, indem sie theils dauernd am Hofe weilten, theils bei besonderen Veranlassungen geladen wurden. In grösserer Zahl erschienen sie in der Umgebung des Bischofs nicht nur bei Festen und Hoftagen, nicht nur wo es galt, ihm bei der Ausübung seiner fürstlichen Gerichtsbarkeit zur Seite zu stehn; sondern gemeinsam mit den angesehensten Geistlichen waren sie bei allen wichtigeren Regierungshandlungen seine Rathgeber und Zeugen. In dem letztgenannten Verhältnisse lag gleichmässig der Keim zur Ausbildung des bischöflichen Hofraths, wie zur Ladung allgemeiner Hof- und Landesversammlungen. Wie der Bischof sich einerseits für die gewöhnlichen Angelegenheiten des Stifts und der Landschaft des Raths und der Mitwirkung der ihn zunächst umgebenden Cleriker und Hofbeamten und Ritter bediente;[2])

---

[1]) Dieses ist gleichfalls in der *positio pro justif.* beschrieben, kann jedoch vor 1314 nicht in Anwendung gewesen sein, wie aus Hocs. Chap. II. 370 hervorgeht.

[2]) Im Jahre 1116 wird ein Streit zwischen dem Capitel und den Vögten dreier Ortschaften an den Bischof gebracht und in Gegenwart des ganzen bischöflichen Hofes entschieden (*in praesentia tocius episcopalis curiae*). Als anwesend werden aufgeführt 10 Canoniker (darunter die Archidiaconen), 8 *liberi* und unter der Bezeichnung *de familia ecclesiae* der Schenk, der Truchsess, sowie eine Reihe anderer Ministerialen. (L. Archiv, Schoonbroodt. No. 6.) Im Jahr 1233 verpfändete der Graf von Loen die Vogteien von Tongern, Alken und Hullen dem Bischof Johann vor dessen gesammtem Hofe (*in plena curia venerabilis patris et domini mei Johannis etc.*); als anwesend werden auch hier einige Archidiaconen, der Abt von St. Laurent und einige Ritter (theils *nobiles* theils *homines de casa Dei*) bezeichnet. (L. Archiv, Schoonbroodt No. 96.)

so wurden andererseits schon frühzeitig bei bedeutungsvolleren Regierungshandlungen, wichtigeren Schenkungen, Verträgen mit Nachbarfürsten, Belehnung angesehener Vasallen im weiteren Umkreis Cleriker, freie Herren und Ministerialen zu gemeinsamer Berathung nach Lüttich berufen.[1]) In diesen Zusammenkünften, welche wir bis in's 11. Jahrhundert zurückverfolgen können, haben wir freilich noch keine Landtage, aber doch den ältesten Ausgangspunkt landständischer Entwicklung zu erblicken. In jener früheren Zeit konnte dabei von einer Vertretung

---

[1]) Häufig wird das in den Urkunden nur durch die Worte *consilio* oder *assensu Cleri, Baronum et Ministerialium* angedeutet; vgl. Louvrex IV. 285; *consilio et suasu fidelium tam Clericorum quam laicorum* (Miraeus I. 364); Gislebertus (ed Chasteler pg. 9]: *Theoduinus habito Leodiensis Ecclesiae suorumque fidelium nobilium et ministerialium concilio tanta allodia suscepit*; l. c. pg. 11. *Si Dominus Episcopus comitem Hanoniensem ad curiam invitaverit, vel ad colloquium aliquod, similiter debet ei expensas.* (Balduin d'Avesne: *similiter et quandocunque vocat eum Episcopus ad parlamentum.*) Dass solche *colloquia* schon im Anfang des 11. Jahrhunderts vorkommen, beweist eine Urkunde von 1031 (Miraeus II. 810.): *Dedi praeterea Apostolo quasdam novas decimas; — quadam postmodum die, cum milites mei et clerici ad colloquium convenissent Leodii, hanc feci scripturam in auditu omnium recitari et impressione nominis mei signari.* Von den drei bei jenen früheren Zusammenkünften vertretenen Ständen scheinen die bischöflichen Ministerialen — die in den ältesten hierher gehörigen Urkunden oft gar nicht genannt werden — nur allmälig zu Einfluss gelangt zu sein; so heisst es z. B. in einer Urkunde Reginhards vom Jahre 1034: *nobiles laici, quorum consilio et cooperatione res eadem acta est;* während die Ministerialen nur als Zeugen aufgeführt werden: *de domo mea ministeriales qui interfuerunt etc.* (Martene et Durand, Collectio amplissima IV., 1173.) Die Ansicht, welche Villenfagne (Recherches sur l'histoire de la ci-devant principauté de Liége I.477ff.) über diese Zusammenkünfte aufstellt, indem er die *ministeriales* vorzugsweise für städtische Beamte und Magistrate, diese für Vertreter des dritten Standes, die *colloquia* für Landtage im späteren Sinne erklärt, wird einer besonderen Widerlegung jetzt nicht mehr bedürfen.

der Landschaft um so weniger die Rede sein, als diese noch keineswegs politisch in sich abgeschlossen war. Die freien Vasallen, vor Allem die Grafen und Fürsten, welche bei jenen Versammlungen einen hervorragenden Platz einnahmen, waren zum grössten Theil ausser dem eigentlichen Stiftsgebiet ansässig und hatten zu den Landesangelegenheiten keine Beziehung. Ueberhaupt hatte das Erscheinen bei solchen Zusammenkünften zunächst gar nicht den Sinn, besondere oder allgemeine Rechte zur Vertretung zu bringen, sondern es wurde vielmehr als eine dem Bischof zu leistende Pflicht betrachtet. Indem dieser die Häupter seines Clerus, die angesehensten Vasallen und Ministerialen um sich versammelte, so wurde gewissermassen der Inbegriff der geistlich-weltlichen Macht der Kirche zur Darstellung gebracht. Die nach Rath und Zustimmung der Anwesenden erfolgenden Beschlüsse, Verträge, Belehnungen, Huldigungen hatten eben grösseres Gewicht, als Verfügungen des einzelnen Bischofs; und es war damit zugleich ausgesprochen, dass dieselbe nicht nur für den einzelnen Vorsteher des Stifts, sondern für die Kirche, als eine durch das Ansehen und die ritterliche Macht einer so glänzenden Versammlung getragene und gestützte, dauernde Anstalt in Kraft bleiben sollten.[1]) Damit hängt

---

[1]) Vgl. z. B. die Urkunde des Bischofs Otbert b. Martene et Durand, Coll. ampl. IV. 1186. O. stellt in Gegenwart von Clerikern, Vasallen und Ministerialen die Rechte des Laurentiusstiftes fest, *sedens in portis hujus ecclesiae Leodiensis. id est in generali conventu archidiaconorum et omnium, per quorum ora manusque quaecunque rata esse cupimus, in statum perpetuum transfigenda sunt.* Zum Schlusse heisst es dann: *testes idonei, qui praesentibus interfuere, sunt ii, quorum mortuorum quoque nomina non solum monumento, sed et splendori erunt huic attestationi.*

es zusammen, dass bei Verpflichtungen, welche die Kirche auch für künftige Zeiten auf sich nimmt, nicht nur die Domherrn mit dem Bischof den Eid leisten, sondern häufig auch sämmtliche Barone und Ministerialen des Stifts; so geschieht es im Jahre 1203, da die gesammte Kirche *(ecclesia universalis)* d. h. eben jene geistlich-ritterliche Versammlung sich dafür verbürgt, dass ein Vertrag zwischen dem Grafen von Musal und dem von Loen aufrecht erhalten werden soll;[1]) so ebenfalls im Jahre 1204 bei der Feststellung des Lehnvertrages zwischen Bischof Hugo und dem Markgrafen von Namur; hier besagt der Eid der geistlichen und weltlichen Grossen ausdrücklich, dass sie auch den Nachfolger des Bischofs dazu anhalten wollen, nach empfangener Lehnshuldigung dem Markgrafen von Namur und seinen Nachfolgern das frühere Schutzversprechen zu erneuen.[2])

Wie weit im Uebrigen sich die Befugnisse jener Versammlungen erstreckt haben, ist nicht näher bekannt. Ob vielleicht auch ihre Zustimmung eingeholt wurde, wenn es galt, durch Beisteuer von Geistlichen und Laien neue Besitzungen für die Kirche zu erwerben; ob die Entscheidung über Kriegszüge auch in älterer Zeit regelmässig an die Zustimmung einer allgemeinen Ritter-

---

[1]) Vgl. Lib. cart. 365: *sciendum etiam, quod universalis ecclesia Leodiensis: Episcopus scilicet praepositus, archidiaconi, advocatus Husbaniae, Dux de Lymborc, comes Namucensis, necnon ceteri barones et ministeriales juramenta firmaverunt, quod pacem aliquando ordinatam inter supradictum Comitem de Musal et Comitem de Loos a Comite de Loos teneri facient, — — alioquin jam dictum Comitem Albertum contra Comitem de Loos Episcopus et universalis ecclesia, sicut juraverunt, ad ammonicionem praefati comitis Alberti tenebuntur unanimiter adjuvare.*

[2]) Vgl. Reiffenberg. Monuments etc. I. 129 (Chartrier de Namur Nr. 3).

versammlung gebunden war¹): darüber lassen sich nur unsichere Vermuthungen aufstellen.

Für die Wahl des neuen Bischofs waren die Vasallen und Ministerialen längere Zeit hindurch von entscheidender Bedeutung. Wenn sie dabei in früherer Zeit ein bestimmtes Anrecht beansprucht hatten, so nahm das freilich im Laufe des 12. Jahrhunderts ein Ende; aber auch später noch waren sie bei der Wahl anwesend, und wenn sich ihre Theilnahme häufig darauf beschränkte, den vom Capitel Gewählten acclamirend zu bestätigen, so waren sie mitunter auch bemüht, die Wahl der Domherrn selbst durch ihren Einfluss zu bestimmen.²)

[1] Vgl. übrigens Triumph. S. Lamberti de castro Bullonio b. Chap. II. 584: *omnes Episcopii potentiores ducem comitesque ad se convocat etc.*

[2] Vgl. Lamb. Parvus ad. a. 1191 Pertz SS. XVI. 650; Reinerus ad. a. 1229 Pertz SS. XVII. pg. 680; Gilles d'Orval b. Chap. II. 78, 103, 119, 134, 185. Villenfagne, Recherches I. pg. 235 ff. sucht das Recht der Domherrn, die Wahl der Bischöfe ausschliesslich zu bestimmen, in ein möglichst hohes Alter hinaufzurücken. Wenn er dabei den Bericht Anselms über die Wahl Nithard's als ältestes Zeugniss aufführt: so erhellt sein Irrthum aus der Thatsache, dass er sich des interpolirten Textes bedient, welchen Chapeauville mittheilt. Man vergleiche

Chap. I. 290:

(*Wazo præpositus*) — *Nithardum custodem in episcopum elegit, electum nominavit, electionem ejus totius capituli consensu confirmavit.*

Pertz SS. VII. 218:

(*Wazo præpositus*) — *Nithardum custodem in episcopum elegit, omnem clerum et populum in sententiam suam venire coegit.*

Dass neben den Domherrn auch Aebte, Fürsten, Ritter, Bürger der Diöcese bis ins 13. Jahrhundert an der Wahl der Bischöfe Theil hatten, geht aus dem Bericht der Chronisten unabweisbar hervor. Schwer aber wird zu bestimmen sein, wie lange es sich dabei um ein wirkliches Recht handelte, oder seit wann die Zustimmung jener weltlichen Stände eine herkömmliche, aber nicht mehr entscheidende Formalität war — die freilich gelegentlich zu Uebergriffen Anlass geben konnte.

Wie bei der Wahl des Bischofs, so stehen auch bei den übrigen Angelegenheiten des Bisthums die herkömmlichen Befugnisse jener ritterlich-clericalen Versammlung und die Rechte des Domcapitels neben und gegen einander. Beiden liegt — obwohl in verschiedener Weise und aus verschiedenen Ansprüchen — das Bestreben zu Grunde, die Kirche nach innen und aussen als eine Einheit, als ein über die Lebenszeit der einzelnen Bischöfe Fortbestehendes zu repräsentiren. Die ältere Form der Vertretung bestand darin, dass sämmtliche Geistliche und Lehnsträger des Stifts, oder doch ihre Häupter, sich um den Bischof oder im Capitelsaal vereinigten. Waren ihre Befugnisse aber eben nur herkömmlich, in keiner Weise gesetzlich normirt; so erhielten die Domherrn in der Zeit nach dem Wormser Concordat nicht nur das Recht den Kirchenvorsteher zu ernennen, sondern sie gewannen auch bei besetztem Stuhle eine so bevorzugte Stellung, dass, wie der Bischof an ihre Mitwirkung gebunden war, auch ihr Consens allein schon ausreichte, um seine Acte rechtskräftig und für alle Folgezeit wirksam zu machen. Der übrige Clerus trat von den weltlichen Angelegenheiten der Kirche allmälig zurück. Und wenn auch die Versammlungen der Vasallen und Ministerialen — als weltliche Vertretung des Stifts — meist im Anschluss an die des Domcapitels fortbestanden; so war doch weder eine regelmässige Berufung derselben geboten, noch ihre Thätigkeit von entscheidendem Einfluss für das Stift, bis das Hinzukommen der Bürger diesen Zusammenkünften neue Lebenskraft und einen Anstoss zu weiterer Fortbildung verlieh.

Sechstes Kapitel.

Die Städte und ihre Einungen.

Es liegt nicht in unserer Aufgabe, die Geschichte der Lüttichschen Städte von ihrem Ursprung bis auf die von uns behandelte Zeit im Einzelnen zu verfolgen; doch sind immerhin einige Rückblicke unerlässlich; denn es ist der Ausbildung städtischer Gemeinwesen eigenthümlich, dass die Einrichtungen früherer Verfassungsperioden nicht beseitigt, sondern meist nur durch Neubildungen zurückgedrängt oder modificirt werden.

Schöffenthum, communale Einung, Zunftverfassung bezeichnen die drei Grundelemente der städtischen Organisation, die sich in der Entwicklung jeder einzelnen Gemeinde in gleicher Weise ablösen oder zu einander gesellen. Die ältesten Nachrichten, welche uns über das innere Leben der Lüttichschen Städte erhalten sind, weisen darauf hin, dass das Regiment dort anfänglich ausschliesslich in den Händen von Schultheiss und Schöffen lag. Das Recht des Vogtes scheint keinen bestimmenden Einfluss auf die städtische Entwicklung geübt zu haben. Obwohl der oberste Richter, durfte er doch meist nur zu den drei ungebotenen Dingen erscheinen und hatte, wo diese nicht mehr fortbestanden, nur ein Recht auf den dritten Pfennig oder andere Gerichtseinnahmen. Abgesehen davon hatte er nur in einzelnen wenigen Fällen die Berechtigung oder die Pflicht, sich in die städtischen Verhältnisse einzumischen. Dass der bischöfliche Schultheiss der Belehnung oder Bestätigung des Vogts bedurft hätte, wird nirgends erwähnt. Jemehr die Befugnisse des letzteren auch in der Stadt sich in blosse Einkommensrechte verwandelten, umsomehr haben wir in dem Mayeur den eigentlichen Stadtvorsteher zu erblicken.

Schultheiss und Schöffen finden wir allerdings auch an der Spitze aller jener kleinen Ortschaften, die in hofrechtlicher Abhängigkeit zum Bischof, zum Capitel oder zu Klöstern etc. verharrt sind; erst dadurch, dass die Urtheiler zugleich einen Antheil an der Verwaltung erhalten, dass sie ihren Ortschaften besonders zuerkannte Rechte und Privilegien handhaben, wird ein wesentlicher Unterschied zwischen einer städtischen und der allgemeinen Dorfverfassung begründet. Die Anfänge der ersteren finden wir zunächst in Huy und in Lüttich. Da — wie erwähnt — eine durchgängige Grundherrschaft des Bischofs in diesen Orten sich nicht erweisen lässt; so mag die Vermuthung gestattet sein, dass hier ein Kern ursprünglich freier Bewohner, unter der Jurisdiction und Schutzgewalt der Kirche zwar in gewisse Abhängigkeit gelangt, doch einzelne Rechte ihres früheren Standes bewahrt oder frühzeitig wieder errungen hatte und dieselben später zum Schutz gegen erweiterte Uebergriffe durch besondere Privilegien der Bischöfe bekräftigen liess.[1]) Es erklärt sich, dass bald auch andere Ort-

---

[1]) Die Stadt Lüttich wird in den Güterverzeichnissen nirgends als Besitzthum der Kirche aufgeführt. Es scheint auch nur ein Theil des städtischen Bodens derselben angehört zu haben. In dem Privileg Heinrich's V. (Chap. II. 54) für das Domcapitel wird festgesetzt, welche Rechte der *forensis potestas*, d. h. Schultheiss und Schöffen der Stadt innerhalb der *terra mansionaria* zustehn oder versagt sind. Die letztere, deren Grund der Kirche eigen war, wird also von der übrigen Stadt, die unbedingt unter der *forensis* (*civilis*) *potestas* stand, geschieden. — In Huy waren Grafschaft, Zoll, Münze und

schaften, zu grösserer Macht und Blüthe entwickelt, sich allmälig nach dem Vorbild jener Städte ähnliche

---

andere Hoheitsrechte, ausserdem das *castrum* der Kirche übertragen. Die *villa* selbst wird nirgends als bischöflich bezeichnet. Dass der Besitz der *villa* neben dem *castrum* nicht als selbstverständlich anzusehen ist, ergibt sich daraus, dass in den Güterverzeichnissen in andern Fällen ausdrücklich Burg und Flecken als kirchliches Besitzthum erwähnt werden; vgl. die Urkunde Friedrich's I. b. Chap. II. 108: *castrum Hoyum cum Ecclesiis, comitatu, advocatia et omnibus appenditiis suis,* aber *castrum de Dinant cum abbatia et villa et omnibus appenditiis suis* und *castrum de Worumme cum villa et familia etc.* Die Festung von Huy ist dauernd Besitzthum der Bischöfe geblieben, indess die Ortschaft sehr bald zu städtischen Freiheitsrechten gelangte. Huy erhielt seine erste Freiheitsurkunde schon 1066; s. Gilles d'Orval. Chap. II. 3. Das älteste Lütticher Privileg von Bischof Albert, das uns nur in der Bestätigung der deutschen Könige Philipp und Heinrich VII. erhalten ist, wird gewöhnlich auf die Begebenheiten des Jahrs 1198 zurückgeführt (vgl. Reinerus zu diesem Jahre, Pertz SS. XVI. pg. 654) Dem Wortlaut nach ist die Urkunde nicht eine Bekräftigung alter Freiheiten, sondern eine Ertheilung neuer Rechte (*consuetudines, libertates et jura, quæ Albertus contulit*); dennoch weisen die meisten Bestimmungen, sowie der Ausdruck *consuetudines* auf ein älteres Herkommen hin, dass hier nur fixirt wird. In der vorhin erwähnten Urkunde Friedrich's I. für die Domherrn heisst es: „*Praeterea privilegia civitatis vestræ et claustri vestri gloriosorum regum atque imperatorum gratia vobis indulta atque per patruum nostrum renovata clementi benignitate vobis concedimus et roboramus* (Lib. cart. 6)." Also schon 1152 gab es städtische Privilegien. Ob aber schon jener Freiheitsbrief existirte, den Philipp bestätigte, wagen wir nicht zu entscheiden. Als nicht ausreichend erscheinen die Gründe, welche Hénaux (Histoire du pays de L. I. 72) veranlassen, die Entstehung desselben vor das Jahr 1066 zu setzen. H. beruft sich auf eine Urkunde, welcher zufolge der Bischof Heinrich II. a. 1147 den Bürgern von St. Trond *eandem indulgentiam et concessionem concedit ad civitatis nostræ Leodiensis conformationem*; doch handelte es sich hier nur um eine Befreiung von den bischöflichen Sendgerichten; von weltlichen oder gar communalen Rechten konnte hier um so weniger die Rede sein, als St. Trond damals — zwar zum Lüttichschen Sprengel gehörig — doch unter

Freiheiten und Privilegien zu erwerben suchten. In der ersten Hälfte des 13. Jahrhunderts erscheinen bereits 7 Ortschaften des Landes in dieser bevorzugten Stellung: Lüttich, Huy, Dinant, Mastricht, Tongern, St. Trond und Fosses.[1])

---

der weltlichen Hoheit des Bischofs von Metz stand. Ferner meint Hénaux, dass das Privileg von Huy aus dem Jahre 1066: „*quod armatam militiam nullatenus sequantur, nisi Leodienses a præfixo die belli in octavam eos præcesserint*" das frühere Vorhandensein der Bestimmung über die Heerpflicht der Lütticher, wie sie die Urkunde Philipps angibt, voraussetzen lasse. Aber man bedenke: die Lütticher erhalten durch letztere das Recht, erst 14 Tage nach Beginn des Krieges auszuziehn; die Bürger von Huy sollen nach dem Privileg von 1066 nur Heerfolge leisten, wenn die Lütticher in den ersten 8 Tagen ihnen vorangegangen; demnach wäre — wenn man einen Bezug der letzteren Bestimmung auf den uns erhaltenen Freibrief der Lütticher annimmt — die Wehrpflicht der Bürger von Huy in den meisten Fällen illusorisch gewesen. Es ist also nicht glaublich, dass die Urkunde Alberts in ihrer jetzigen Fassung schon 1066 existirt habe. Nur das Eine können wir mit Bestimmtheit behaupten, dass die Lütticher schon vor dem Jahr 1066 dem Heerbann des Bischofs gegenüber eine privilegirte Stellung einnahmen. Näheres über dieses oder andere Rechte wissen wir aus jener älteren Zeit nicht. Unsere im Obigen ausgesprochene Ansicht, dass in der Stadt Lüttich zwar vor dem uns erhaltenen Freibrief Privilegien bestanden, dieselben aber wahrscheinlich nicht in der jetzt überlieferten Gestalt vorhanden waren, wird bestätigt durch die uns nachträglich (im Bulletin de l'Institut archéologique Liégeois VII. 3e livraison, pg. 495) zukommende Urkunde des Grafen Gerhard von Loen, welcher seinem Dorfe Brusthem ertheilt „*la loy, droit, franchise et liberté de Liége, ainsi que par les plus sages et prudents hommes de Liége, même ossy par nos chers feaulx, avons apprins.*"

[1]) Diese finden sich in den vorhin erwähnten Urkunden Heinrich's VII. als Städte benannt. Die kleinen Städte: Huy, Dinant etc. werden in der Regel als *oppida* von der *civitas* Lüttich (*cité*) und von den Flecken und Dörfern *(villae)* unterschieden; doch kommt *villa* namentlich in der Zusammensetzung *bona villa, libera villa*, entsprechend dem französischen *ville, bonne ville, franke ville* häufig auch für die Städte, ausnahmsweise selbst für Lüttich vor; so sind

Zu den ältesten Befugnissen städtischer Gemeinschaften gehörte es, für die Befestigung ihres Orts selbtändig Sorge zu tragen, zu diesem und andern Zwecken von den Angehörigen desselben Abgaben zu erheben, die meist in Form von Accisen aufgebracht wurden.[1])

Weiter erwarben sie meist den besonderen Gerichtsstand vor ihren Schöffen, was freilich nicht ausschloss, dass die Gerichtshöfe der kleineren Städte dem Oberhof zu Lüttich unterworfen waren.

Am eigenthümlichsten aber sind jene Bestimmungen, welche — besonders in der Lütticher Urkunde von Bischof Albert — der persönlichen Freiheit des Einzelnen Schutz verheissen[2]): Kein Bürger darf ergriffen oder festgehalten werden ohne Urtheil der Schöffen. Auch Schultheiss und Schöffen dürfen nicht in die Wohnung der Bürger dringen, weder um einen Schuldigen vor Gericht zu rufen, noch um Haussuchung zu veranstalten: eine Bestimmung, die später für die gesammte Landschaft gültig, ausgedrückt wurde in dem Satze: »Der arme Mann ist König in seinem Hause.«[3])

Hocs. Chap. II. 475 unter den *magistri villae* die Lüttichschen Bürgermeister zu verstehn; *civitas* für eine andere Stadt als Lüttich ist selten; nur Mastricht, als ehemaliger Bischofssitz, wird häufiger so bezeichnet; vgl. z. B. Huillard-Bréholles III. 402.

[1]) Vgl. Reinerus mon. S. Jacobi, Pertz. SS. XVI., pg. 654 u. 657. Der Name der in den Städten üblichen Steuer — die in der Regel Lebensmittelsteuer ist — lautet im Lüttichschen bald mit Bezug auf ihren Zweck *firmitas (fermeté)*, bald *malatouta*, frz. *maltôte, maltolle*. (Nach Reynouard bedeutet dieser letztere Ausdruck eine Steuer, die eigentlich wider Gebühr erhoben und gezahlt wird. Die Sache und die Bezeichnung entspricht demnach ganz dem Ungeld der deutschen Städte.)

[2]) Warnkönig, Beiträge pg. 55 ff.

[3]) „*Pauvre homme dans sa maison roi est.*"

Dazu kommt die schon früher erwähnte privilegirte Stellung dem Aufgebot des Bischofs gegenüber, die mehr als das Uebrige dazu dienen musste, die Städte von den andern Ortschaften abzusondern, ihnen eine selbständige Stellung innerhalb der Landschaft zu gewähren.

Müssen wir annehmen, dass der Genuss aller der genannten Rechte sich auf alle Angehörigen der städtischen Gemeinschaft erstreckte; so war die Wahrung und Handhabung derselben und überhaupt die Leitung der städtischen Angelegenheiten ausschliesslich bei einer Minderzahl, den sogenannten Grossen der Stadt *(majores, grands)*, die durch Vorzüge der Geburt und des Lebensberufes ausgezeichnet, allein für das Schöffenthum befähigt, mitunter schlechthin als die Bürger des Orts bezeichnet wurden.[1]

Eine Betheiligung sämmtlicher Bürger an den Angelegenheiten der Stadt ward erst durch anhaltende Kämpfe errungen, die sich durch das ganze 13. Jahrhundert hinziehn und erst im vierzehnten ihren vollständigen Abschluss erreicht haben. In den Jahren 1229—31 finden wir die ersten Spuren jener Bewegung, die wir als communale im engern Sinne zu bezeichnen haben. Bald waren es Eingriffe des Bischofs in die Privilegien der Stadt, besonders aber Missliebigkeit der Schöffen, schlechte Verwaltung der städtischen Angelegenheiten, ungerechte, parteiische Urtheile, welche zu

---

[1] So wird im Jahre 1249 eine Urkunde ausgestellt von *Jean par la grace de Dieu prevos, nous Jehan doyen, les archidiacres et tout le chapitre des autres eglises conventuals et nous tous les bourgeois et les communs de la citeit de Liege;* wo *bourgeois* nur die *majores* im Gegensatz zu den *communs* bezeichnen kann. (Die Urkunde befindet sich im Anhang von S. Bormans: Le bon métier des drapiers.)

diesen Erhebungen Anlass gaben. Die gesammte Bevölkerung trat in solchen Fällen zum Schutz ihrer Rechte und Freiheiten zu einer Einung zusammen; den Rechtszustand zu ordnen ward häufig ein besonderer Stadtfriede begründet, d. h. es wurden Statuten erlassen, welche das von den Schöffen gewahrte Herkommen ergänzten, alle Stände der städtischen Einwohnerschaft im Interesse der Ruhe und Eintracht neuen gesetzlichen Bestimmungen unterwarfen. Das Schöffenthum ward zur Zeit solcher Erhebungen zurückgedrängt oder wenigstens auf die Ausübung der Gerichtsbarkeit beschränkt. Statt dessen ward das Regiment neuen, von der Gemeinde selbst erwählten Magistraten übertragen. Kam es auch während der unruhigen Tage des Kampfes selten zu geordneter Thätigkeit eines Raths; so erlangten einzelne Männer, von der Bürgerschaft zu Meistern erhoben, eine umso einflussreichere Stellung; sie wurden eidlich verpflichtet, die Privilegien der Stadt aufrecht zu erhalten, sie trafen im Innern und nach aussen Massregeln zum Schutz und zur Erhaltung der erworbenen Freiheit, sie waren zugleich die Befehlshaber, wo es galt, dieselbe dem Bischof und dessen Verbündeten gegenüber auch im bewaffneten Kampf zu vertheidigen. — Die erste dieser Erhebungen scheint, obwohl von Heinrich VII., dem Staufer, begünstigt, doch sehr bald gänzlich unterdrückt worden zu sein.[1]

---

[1] Heinrich VII. bestätigte den 7 genannten Ortschaften im Allgemeinen ihre *libertates* und *jura*, insbesondere aber *pacem et communionem vestram* (den Stadtfrieden und die Stadteinung). Bürgermeister erscheinen urkundlich zuerst im Jahre 1231; vgl. L. Archiv, Schoonbroodt No. 82 u. Bulletin de l'Institut archéologique t. II. Anhang. „*Magistratus vero populi, videlicet Aegidius et Alexander cives Leodienses tactis sacrosanctis reliquiis pro se et pro toto communi Leo-*

Dennoch waren einige bleibende Erfolge erzielt. Den Schultheissen und Schöffen wurden in der städtischen Regierung Rathmannen und meist auch Bürgermeister zugesellt. Freilich wurden diese nach hergestellter Ordnung nicht mehr von der Gesammtheit der Bürgerschaft gewählt; die Theilnahme der letzteren an den öffentlichen Angelegenheiten trat überhaupt wieder zurück, wenn gleich auch die städtischen Urkunden von den Magistraten fortan immer auch im Namen der Commune ausgestellt wurden. Stadtfriedensordnungen scheinen auch ferner vorgekommen zu sein,¹) freilich ohne dauernde Geltung zu erlangen.

Bereits im Jahre 1254 erfolgte eine zweite bedeutsamere Umwälzung, die in der Lütticher Geschichte

---

diensi juraverunt etc.“ Die Urkunde ist vom 22. Januar datirt, also nach dem städtefeindlichen Erlass, den Heinrich in Worms insbesondere gegen die Commune von Lüttich gerichtet hatte. Es bedurfte wohl erst eines unmittelbaren Befehls an die Städte, wie ihn Heinrich 1231 am 3. Februar ertheilte (L. Archiv, Schoonbroodt No. 83), damit die Bürgermeister, die eigentlichen Vertreter der städtischen Unabhängigkeit, zurücktraten. In einer Urkunde vom December 1231 werden nur *li maire, les esquevins, les jureis* und allerdings auch *toute la commone* aufgeführt (Jean d'Outremeuse III. 68 r.); doch schon 1242 wird wieder eine Urkunde ausgestellt von *ly maire et les Esquevins et les maistres et jureis et tout le commonalteit del citeit de Liege.* (Jean d'Outremeuse III. 69 r.)

¹) Darauf weist ein Satz in der oben erwähnten Urkunde für den Lütticher Vogt vom Jahre 1241 hin: „*Et sa li voues le quint denier de le pais, ki est faite dedens le cite de Liege.*“ In einer andern Urkunde desselben Jahres heisst es: „*dele pais, ki fu assise a Liege sans loy, il* (der Vogt) *avoit le cinquiesme denier*“; durch die Worte *sans loy* wird der Gegensatz einer zeitweiligen Stadtfriedensordnung zu dem überlieferten Recht und Gesetz, welches die Schöffen handhabten, ausdrücklich betont. Es erhellt daraus, dass es schon vor der *loi muée* vom Jahr 1283 in Lüttich Statuten gegeben hat, welche das von den Schöffen gewahrte Gewohnheitsrecht ergänzten.

gewöhnlich als die Erhebung Heinrichs von Dinant bezeichnet wird. Wie schon im Jahr 1229 neben den Communen der einzelnen Bürgerschaften auch eine Einung sämmtlicher Städte begründet wurde; so gab auch 1254 der erneuerte Parteikampf in Lüttich zu ähnlichen Bewegungen in den übrigen Städten den Anstoss.¹) Die alten Träger des Schöffenthums wurden fast überall vertrieben, zumal wenn sie anstanden, sich zur Wahrung der städtischen Privilegien eidlich zu verpflichten. Wieder traten überall vom Volk erwählte Männer an die Spitze der Gemeinden. Auf Veranlassung Heinrichs von Dinant wurden bewaffnete Bürgermannschaften zum Schutz alter und neuer Freiheiten organisirt, und ein festes Bündniss sämmtlicher Städte ward zur gemeinsamen Vertheidigung ihrer Rechte abgeschlossen. Alle diese Neuerungen sanken freilich zusammen, da es dem Bischof gelang, mit Hülfe benachbarter Grafen und Fürsten den Aufstand zu unterdrücken. Das städtische Regiment wurde wieder in alter Weise hergestellt; durch Anlage von Zwingburgen gedachte der Bischof die städtische Bevölkerung vollständig niederzuhalten.²) Dennoch scheint es, dass alle jene unterdrückten Institutionen nach kurzer Unterbrechung

---

¹) Vgl. Hocsem, Chap. II. 286 ff., Joannes Presbyter l. c. 281 u. 282, sowie im Chr. Gemblacense fol. 37 r. ff. Die Berichte beider benutzen und verschmelzen d. Chronik des Math. de Lewis pg. 76 ff. und Jean d'Outremeuse, dessen hierhergehörigen Abschnitte Vasse mittheilt. „Épisodes historiques extraits des chroniques inédites de Jean d'Outremeuse (Heft 4)." Ueber die gleichzeitige Erhebung von St. Trond vgl. Gest. abb. Trud. b. Pertz SS. X. 397 ff.

²) Ueber die Befestigung des Walpurgisthors in Lüttich vgl. Hocsem, Chap. II. 291; (vgl. auch d. Copie del paix, qui fuit fait del guerre al evesque Henry, in den Pawilhars). Aehnliches geschah in Huy; vgl. Chr. Gemblac fol. 40 r.: *Verum eciam turris firmitatis*

auf's neue ins Leben traten. Das Bündniss der Städte war für aufgehoben erklärt; aber doch war in jener Zeit der Zusammenhang ihrer politischen Interessen ein so enger geworden, dass sobald die Lüttichsche Stadtgemeinde sich aufs neue regte, die übrigen Bürgerschaften sich ihr sofort als Verbündete anschlossen, so 1269, als die Lütticher das Walpurgisthor stürmten, in welches der Bischof Heinrich von Geldern zur Unterdrückung der Commune 1000 Mann Besatzung gelegt hatte,[1]) so 1273, als die Bürger der Städte gemeinsam denselben Bischof wegen einer Reihe unerhörter Schandthaten auf dem päpstlichen Concil zu Lyon verklagten.[2]) Einem Bericht zufolge ist auch die Einrichtung der bewaffneten Stadtbezirke in der Folgezeit erneut worden. Als im Jahr 1298 ein Streit des Bischofs Johann von Enghien mit seinen Lehnsmannen eine Intervention der benachbarten Fürsten hervorrief, und jener selbst zu schwach oder zu indolent war, um Hülfe zu bringen, soll die bewaffnete Organisation der Bürgerschaften in der Weise, wie Heinrich von Dinant sie geschaffen, als einzige Schutzwehr das Land von feindlichen Ueberfällen befreit haben.[3])

---

oppidi eorum dicta Damiata juncta est castro Hoyensium; ebenso in Dinant, vgl. Lib. cart. 551: „*Et si disons, que nos Sires li esluis devantdis doit avoir le tour qui est desour la ville encontre le castel, com appelle Montfort*"; ferner in St. Trond, vgl. Gest. abb. Trud. (Pertz SS. X. 400.): *Insuper conditionatum est, quod turrim seu castrum — versus Trajectum respiciens, ipse electus, ad precavendum, ne opidani amodo rebellare praesumpserint, firmare libere poterit.*

[1]) Hocsem. Chap. II. 296; vgl. auch den Frieden von Huy in den Lütticher Pawilhars, seine Bestätigung L. Archiv, Schoonbr. No. 309, 310.

[2]) Hocsem, Chap. II. 298.

[3]) Chr. Gemblac. fol. 43 r.: „*Ista bonae villae episcopatus videntes communi consilio in suis villis, prout tempore Henrici episcopi quondam fecerant, magistros atque vicenas statuerunt, ut si necesse fuerit contra inimicos citius cumulentur.*"

Am bedeutsamsten aber war es, dass das Recht der Bürger, eine Commune *(communité, université)* zu bilden, jetzt fast überall zur Anerkennung kam. Wenn die Bezeichnung Commune auch eine grosse Verschiedenheit und mannigfache Abstufung der politischen Rechte zulässt; so war doch durch Gewährung einer solchen stets der Grund zur städtischen Selbstregierung gelegt, sie gab den Bürgern das Recht, eine selbständige Körperschaft zu bilden.[1]) Stadtsiegel und Bannglocke bildeten Symbole derselben, Entziehung dieser galt als schärfste Strafe für aufrührerische Bürgerschaften und deutete an, dass es mit ihrer Unabhängigkeit ein Ende nehmen sollte.[2]) Beim Klang der Bannglocke versammelte sich die Gemeinde der Stadt, um über wichtige Angelegenheiten gemeinsam zu berathen und Beschlüsse zu fassen. Von der Gemeinde, in der freilich längere Zeit

---

[1]) Wie in Frankreich (vgl. Schäffner, Geschichte der Rechtsverfassung Frankreichs II. pg. 525.) scheint sich auch im Lüttichschen eine Mittelstufe zwischen den herrschaftlichen Dörfern und den freien Communen gebildet zu haben, die sog. *villes bateices (batiches)*, Ortschaften ohne politische Rechte, aber von den Lasten des Hofrechts befreit, später auch wohl im Besitz eines eignen Gerichtsstandes; vgl. Louvrex I. 308: *Que nulz forjugemens ne soy puist faire en Ville batiche, si ce nest en propre xhame,* (scampne nach Borgnet, vgl. Jean de Stavelot, pg. 56), *la ly Eschevins aront accoustume de jugier.* Die *ville batiche* wird hier den *frankes villes* gegenübergestellt. Es ist zu vermuthen, dass Visé, Ciney, Warême sich in dieser Mittelstellung befanden, ehe sie zu eigentlich städtischen Rechten gelangten. Sicheres lässt sich darüber nicht feststellen, da der Ausdruck *ville bateice* zu selten in den Lütticher Documenten erscheint.

[2]) Dies geschieht 1255 den Bürgern von Huy „*campana banni oppidi eorum sono clarissima dicto pacis frangitur*" (Chron. Gembl. 39 r.), i. J. 1302 den Bürgern von Fosses; vgl. Warnkönig, Beiträge pg. 112: „*Ne puissions jamais avoir banccloche, ne seaux de communaulte etc.*"

hindurch die beiden Stände gesondert blieben, ward allmälig auch überall das Recht der Magistratswahl errungen. Dies war jedoch erst die Errungenschaft neuer Erhebungen gegen Ende des 13. Jahrhunderts und im Anfang des folgenden, nach welchen die Wahl der Bürgermeister, auch wohl die der Räthe, ganz oder zur Hälfte der Commune überlassen ward. Durch diese neue Art der Ernennung und die mehr volksthümliche Stellung wurde in der Regel der Rath mehr und mehr vom Colleg der Schöffen losgelöst, dieses vorzugsweise auf die Uebung der Gerichtsbarkeit angewiesen. Rath und Bürgermeister wurden Leiter und Vertreter der Gemeinde und erhielten das bedeutsame Recht — wenn auch nur mit Zustimmung von Bischof und Domcapitel — Verfügungen über communale Angelegenheiten, Markt- und Zunftordnungen, selbst gesetzliche Bestimmungen allgemeineren Inhalts, sogenannte Statuten *(Koeren)* zu erlassen.[1]) Ausserdem stand ihnen die Gerichtsbarkeit zu nicht nur in den durch jene Statuten vorgesehenen Fällen, sondern vielfach zur Er-

---

[1]) Am vollkommensten ausgebildet erscheinen alle diese Rechte und Freiheiten in dem Privileg Theobalds von Bar für Mecheln vom 18. März 1305. (L. Archiv, Schoonbroodt No. 466); da in dieser Stadt wegen ihrer grösseren Entfernung von Lüttich die herrschaftlichen Rechte von Bischof und Domcapitel am wenigsten zur Geltung gelangen konnten. Die Ausübung des Rechts städtischer Gesetzgebung war nicht von allen Städten und Stadträthen in gleicher Weise erworben. In der Urkunde für Mecheln heisst es freilich: *consilium dictae villae potestatem habebit omnia statuta villae, quae vulgariter Koeren nominantur, statuendi, ordinandi, augmentandi etc.* Ein ähnliches Recht wird in St. Trond im Jahre 1348 den Rathmannen, doch nur in Gemeinsamkeit mit den Schöffen zugestanden. (Warnkönig, Beiträge pg. 58.) In Lüttich muss es schon um 1230 Statuten gegeben haben; doch wissen wir nicht, in welcher Weise sie erlassen und gehandhabt wurden. In Huy wurde erst 1348 die Gerichtsbarkeit hinsichtlich der Statuten, der *loi muée*, dem Stadtrath übertragen. (L. Archiv, Schoonbroodt No. 636.)

gänzung der gewöhnlichen Jurisdiction von Schultheiss und Schöffen, wenn hier entweder das Recht verweigert wurde oder — wie zur Zeit der Sedisvacanz — der Schultheiss überhaupt nicht als Richter fungiren durfte.[1]

Mit der volksthümlichen Wahl von Bürgermeistern und Rath hing in den meisten Fällen auch der Eintritt der Zünfte in das politische Leben der Stadtgemeinde zusammen. Während sie bei früheren Bewegungen nur in St. Trond als selbständige Körperschaften aufgetreten waren[2], erscheinen sie mit dem Beginn des 14. Jahrhunderts überall mit besondern Abzeichen, unter eignen Vorstehern als politische Gemeinschaften im Kleinen, die für ihre besonderen Interessen auch eigene Institutionen,

---

[1] Vgl. z. B. le Lettre des cambges (abgedr. bei F. Hénaux, les Banquiers Liégeois au 14 e. siècle pg. 20): *Et se li Justice de Liege ne volloit faire, ne alleir avant de ces choses ou se Justice navoit a Liege, si come en temps de siege vacque ou autrement, li maistres delleditte Cambge doient et puelent ralleir az Maistres et a Conseil desseur S. Michiel qui pour le temps seront etc.*

[2] In St. Trond werden schon im Jahr 1255 u. 1256 ein *comes mercatorum* — wohl das Haupt der überall in den Niederlanden hochbedeutenden Tuchhändlerzunft — und *alii decani guldarum* erwähnt (Gesta abb. Trud. Pertz SS. X. 399). Die Innung *(frairie)* der Schmiede *(batours)* von Dinant, die als Verfertiger der sogenannten *dinanderies* berühmt, und als gewerbliche Genossenschaft längst anerkannt waren, scheint 1254 auch nach politischen Rechten gestrebt zu haben; doch schon 1255 wurde sie den Schöffen und Schultheissen der Stadt wieder vollständig unterworfen: „*li bateur ne devront avoir cloche ne saiel, ne commugne, ne aloianches, ne oienches sens le maiour et les eschevins de Dynant.*" (Lib. cart. 551). Ihre gewerblichen Privilegien wurden nach dem Aufstand erneut und bestätigt; die Vorsteher der Innung sollten aber künftig von den Gewerksgenossen und dem bischöflichen Schultheiss gemeinsam ernannt werden (Lib. cart. 550). Erst gegen Ende des 13. Jahrhunderts und im Beginn des 14. scheinen die Zünfte in sämmtlichen Städten der Landschaft politische Rechte erworben und meist auch festgehalten zu haben; vgl. Hocs. Chap. II. 387, 338.

Satzungen und Gerichtsbarkeit haben. Die Theilung der Gemeinde nach Stadtbezirken tritt in den Hintergrund, und das Volk erscheint bei allgemeinen Versammlungen fortan nach Zünften gegliedert. Eine besondere Bedeutung für die städtischen Verhältnisse gewinnen die Zunftvorsteher *(gubernatores)*, die sich den Bürgermeistern und den Geschwornen *(jurati)* zugesellen und in ihrer Vereinigung einen neuen wichtigen Bestandtheil des Stadtraths ausmachen. Der Gemeinde als solcher stand ausser dem Recht der Wahlen ein nicht geringer Antheil an der städtischen Regierung zu; sie erwarb vor Allem die Befugniss, für die Erhaltung der städtischen Privilegien einzustehn. War auch schon früher die Leistung der Heerfolge vom Willen der Stadt abhängig gemacht, so scheint es doch, dass in der Regel die Zustimmung der Schöffen genügt hatte; jetzt sollte nur die Gemeinde Mannschaft bewilligen können. Ebenso wichtig war das Recht derselben, über die städtische Verwaltung eine gewisse Aufsicht und Controle zu führen, wobei es sich von selbst versteht, dass Abgaben in jeglicher Form nicht ohne ihren Willen erhoben wurden. Wie weit sich im Uebrigen die Macht der städtichen Volksversammlung erstreckte, ob sie auch auf die äusseren Angelegenheiten der Stadt, auf Abschluss von Bündnissen und Verträgen etc. einen bestimmenden Einfluss übte, hing in der Regel mehr von zeitweiligen Verhältnissen, als von verfassungsmässigen Bestimmungen ab. Die Lütticher Stadtgemeinde übte ein solches Recht im Anfang des 14. Jahrhunderts bis zum Jahr 1328 im

---

Ueber die Zunfterhebung in Huy vgl. Joannes Presbyter b. Chap. II. 334—336; der vollständige Bericht des J. P. über dieselbe kann aus dem Chronicon Gemblac. fol. 46 r. ff. und aus der Chr. von Tongerloo pg. 92 ff. restituirt werden. (Vgl. den Bericht über die Quellen im Anhang.)

vollsten Masse, sodass der Verfassungszustand als ein demokratischer erscheinen möchte.[1]) Dies hat jedoch nur bei einseitiger Betrachtung seine Richtigkeit. Soweit auch die communale Freiheit und Selbstregierung der Lüttichschen Städte und namentlich der Hauptstadt entwickelt war, so fehlte doch noch ein bedeutsamer Schritt, um der Unabhängigkeit der italienischen Städterepubliken oder auch nur der deutschen freien und Reichsstädte theilhaftig zu werden. Bischof und Domcapitel behielten die Herrschaft; Schultheissen und Schöffen wurden von ersterem ernannt, und wenn auch durch die Ausbildung der Communen und ihrer neuen Organe vielfach beschränkt und controllirt, behielten sie

---

[1]) Vgl. Hocsem, Chap. II. 338. Das Recht der Gemeindeversammlung, alle städtischen Angelegenheiten in den Kreis ihrer Berathung zu ziehn, ist zwar zeitweilig beschränkt — in Lüttich durch den Frieden von Geneffe von 1350 — doch in der Regel als Grundbedingung städtischer Unabhängigkeit aufgefasst worden. Es ist in dem Privileg Engelberts für St. Trond, das 1361 *ad instar nostrarum civitatis Leodiensis et bonarum villarum Hoiensis, Dionensis et Tongrensis* festgesetzt wurde, folgendermassen definirt: *dicti Magistri, Jurati atque consiliarii sive gubernatores, quociens eis expedire videbitur, pro ipsius opidi ac opidanorum illius utilitate salubrique regimine nostris seu sculteti nostri, qui pro tempore fuerit, licencia et consensu super hoc minime petitis vel obtentis communitatem ejusdem opidi incolasque praedictos pariter convocari et congregari, congregarique facere ac cum ipsis Incolis pariter congregatis de ipsius Opidi et Incolarum praedictorum negotiis communibus* etc. 22. Juni 1361, vgl. L Archiv, Schoonbroodt No. 778. Die Tendenz der städtischen Commune zum Schutz der gemeinsamen Rechte aller Angehörigen ist am kräftigsten ausgesprochen in einer Lütticher Urkunde von 1299: *Nous ly Maistres, Eschevins, Jureis et toute la Communalteit de la Citeit de Liege — en tous cas, qui toucheront les franchises le pays, les droitures et le proffit de notre Citeit et de nous soit parmi a statut ou par autre maniere — nous serons tous ensembles et chacun de nous pour luy aidant et tout a ung encontre tous ceux, qui encontre les franchises — — yront ou voront alleir.* Louvrex II. 8.

selbst abgesehen von der Jurisdiction überall noch eine Reihe wichtiger Befugnisse. Der Mayeur insbesondere war nicht nur oberster Richter der Stadt. er übte auch eine ausgedehnte Polizeigewalt, zeitweilig ein Aufsichtsrecht über die Zünfte, über den Marktverkehr und Anderes.[1] — Auch das Recht städtischer Gesetzgebung war nur ausnahmsweise dem Rath und der Gemeinde zu völlig freier Uebung zugestanden worden. Besonders in Lüttich kam dasselbe lange Zeit nur unter Mitwirkung von Bischof und Domcapitel zur Geltung; sowohl der Erlass neuer Statuten, wie die Feststellung von Zunftprivilegien und Polizei-Vorschriften war an ihre Zustimmung gebunden.[2] Die Domherrn übten vorzüglich in Lüttich nicht nur eine Autorität als Mitregenten des Hochstifts, sondern innerhalb der Stadt selbst ansässig und einer besonderen Immunität theilhaftig, hatten sie hier zugleich ihren eigenen Grundbesitz, sowie das Recht ihrer haus- und hofhörigen Leute zu vertreten und fanden daher reichen Anlass, in die wichtigsten städtischen Angelegenheiten einzugreifen. Seit alter Zeit wurden die Weintaxen, später auch andere Lebensmitteltaxen zweimal jährlich von den Bürgern und vom Clerus der Hauptkirche gemeinsam im Capitelsaal festgestellt. Einführung von Accisen ohne Mitwirkung oder Genehmigung der Domherrn galt aus ähnlichem Grunde für unzulässig.[3]

---

[1] Vgl. Hemricourt, h. Polain II. 418 ff.

[2] Vgl. Louvrex. III. 173 (Lettre des venales); ferner die erwähnte Lettre delle cambge, die Lettre pour les drapiers und Lettre des viniers (in d. Lütticher Pawilhars); ebenso die Appendices des documents inédits von „Le bon métier des Tanneurs de l'ancienne cité de Liége" par St. Bormans, pg. 265 ff.

[3] Vgl. die Urkunde Philipps: „*de venditione vini debet bis in anno institutio et assisia ex consilio Ecclesiae et civium fieri*; (vgl. dazu L. Archiv, Schoonbroodt No. 77, 78). Auf Bier und andere Lebens-

Wenn in andern Städten für Bischof und Capitel minder leicht, als in der Residenz, Anlass und Möglichkeit geboten war, eine unmittelbare Regierung und Aufsichtsgewalt zu üben, so hatten doch auch diese in vielfacher Hinsicht sich der Gewalt des Bischofs und seiner Beamten unterzuordnen. Ging in den deutschen Bischofsstädten häufig das Streben dahin, durch Anschluss an den Kaiser sich der bischöflichen Hoheit zu entziehn, wenn möglich reichsunmittelbar zu werden; so war das Lüttichsche Gebiet schon zu frühzeitig dem Einfluss des Kaisers entzogen und zu einem selbständigen Territorium umgebildet, als dass hier zumal bei der Entlegenheit der Landschaft das Oberhaupt des Reichs zu Gunsten oder zum Nachtheil irgend einer Partei entschieden eingeschritten wäre. Wir haben erwähnt, dass alle die kaiserlichen Urkunden, die mitunter im Interesse der Städte, in der Regel gegen dasselbe erlassen sind, einer durchgreifenden Bedeutung entbehrten. Konnten die Kaiser den Städten der Landschaft keine Stütze gewähren, so vermochten sie ebensowenig dem Bischof im Kampfe wider seine Unterthanen Beistand zu verleihn. Wenn daher die Bischöfe die Unabhängigkeit der Communen in gewissem Grade einschränkten; so erklärt es sich leicht bei der bedeutenden Machtstellung, welche jene in ihrer Vereinigung gewonnen, dass sie wiederum, auch über den Bereich der Städte hinaus, den Bischof in der Ausübung seiner fürstlichen

mittel ward die Verordnung im Jahre 1251 ausgedehnt: „*nullus braxare poterit in braxina aliqua — nec venalia aliqua vendere, nisi secundum assissiam, quae fiet de communi assensu tam ecclesiae maioris Leodiensis, quam civitatis*" L. Archiv, Schoonbroodt No. 226; vgl. auch Hocs. Chap. II. 286 und die Angabe im Chron. Gemblac. fol. 38 r., die gewissermassen auf eine gemeinsame städtische Regierung von Capitel und Bürgerschaft hinweist: „*Est autem locus in claustro beati Lamberti Leodiensis, in quo cives consueverant ab antiquo in unum convenire ad tractandum de re communi. Hic ergo cum quodam die convenissent scabini, magistri, vinitores civitatis ut per eos taxatio fieret etc.*"; vgl. auch Reinerus mon. d. S. Jacobo Pertz SS. XVI. pg. 654 u. 657.

Autorität beschränkten. Schon gegen Ende des 12. Jahrhunderts mögen Angehörige der Stadt Lüttich oder ihre Vorsteher an den allgemeinen Versammlungen des Domcapitels, der Vasallen und Ministerialen Theil genommen haben; schon im Jahr 1192 sehen wir hier Bürger als Zeugen hinzugezogen.[1]) Wenn ferner bei der Wahl der Bischöfe, bei welcher die Entscheidung allein den Domherrn zustand, in der Regel auch die Grossen der Landschaft erschienen, bald um den Gewählten durch frohen Zuruf zu bestätigen, bald auch wohl um selbst auf die Wahl bestimmend einzuwirken; so sehen wir auch hier die Bürger Lüttichs neben den Baronen und Rittern des Bisthums thätigen Antheil nehmen.[2])

Hatte Lüttich also schon früher einen allerdings ungeregelten Antheil an den Zusammenkünften der bevorrechtigten Stände: so bedurfte es nur eines neuen Aufschwungs der städtischen Communen und fester Begründung ihrer Bündnisse, damit der dritte Stand in seiner Gesammtheit auf den Landtagen zu regelmässiger Vertretung gelangte.

Die Vereinigung der Städte, zuerst 1231, dann 1256 unterdrückt, war zum Schutz der gemeinsamen Rechte immer aufs neue ins Leben getreten. Noch unter demselben Heinrich von Geldern, der mehrere Jahre im Kampf wider die Communen gestanden hatte, erscheinen die Vertreter der letzteren mit Domherrn und Rittern gemeinsam im Interesse des Landes thätig. Durch Hinzutreten der Städte gewinnen aber jene erwähnten Versammlungen des Capitels und der Lehnsmannen ganz neue Bedeutung. Der Trieb zur Einung, das Streben, die Rechte jedes Einzelnen gemeinsam zu schützen, wie es bis dahin bei der Bildung einzelner Communen obgewaltet, wurde nun auf das ganze Land, seine Rechte und Freiheiten übertragen.

[1]) Miraeus I. 720.
[2]) Vgl. z. B. Reinerus b. Pertz SS. XVI. p. 680, Gill. d'Orval b. Chap. II. 134.

Erster Excurs.

Die Gotteshausleute, *homines de casa Dei*.

Die Erklärung des Ausdrucks *homines de casa Dei*, welche unserer obigen Darstellung (Seite 15) zu Grunde liegt, ist von der bei den Lütticher Historikern herkömmlichen Auffassung verschieden. Raikim, Schoonbroodt und andere erklären *homines de casa Dei* als Allodialherrn, als Leute, die ihr Gut gewissermassen nur von Gott zu Lehen tragen, in dem Sinne, in welchem man gegen Ende des Mittelalters von Sonnenlehn sprach; und Schoonbroodt übersetzt in seinem Inventaire die in zahlreichen Urkunden vorkommende Bezeichnung durchweg mit *hommes allodiaux* oder *membres de la cour allodiale*. Gestützt wird diese Ansicht vorzüglich dadurch, dass die Allodialgerichte, die sich aus den einzelnen Allodialbesitzern zusammensetzten, gegen Ende des 13. Jahrhunderts (zuerst 1261) und später fast regelmässig als *hommes de cise Dieu* bezeichnet wurden (vgl. die Einleitung zu S. Bormans: *Les Seigneuries allodiales du pays de Liége*)[1].

Dennoch ist diese Erklärung weder überall zutreffend, noch kann sie uns über den ursprünglichen Sinn jener Bezeichnung zur Klarheit führen.

Man beachte insbesondere folgende Schwierigkeiten:

1. Dem Ausdruck *homines de casa Dei* werden häufig die Worte *et Sancti Lamberti* beigefügt, die mit Nothwendigkeit auf eine Abhängigkeit von der Kirche hinweisen und eine Beziehung auf ursprünglich freien Grundbesitz niemals enthalten konnten.

---

[1] Vgl. L. Archiv, Schoonbr. Nro. 366, 416, 835. Eingeleitet wurden die Urkunden des Allodialhofs durch die Formeln: *A tous cheuus, qui ches presentes lettres verrunt et oront — li hommes delle Cyse Dieu sulus et connissauche de vertleit*, oder: *Sachent toit, que l'an dele natitelteit — — vinrent en propres personnes parderant nos, sicome pardevant court d'allowens entre Sainte Marie et Saint Lambert —*

2. Im Frieden von Angleur (also noch 1313) werden beide Stände und Parteien der Lütticher Bürgerschaft als *hommes de chief-Dieu et S. Lambert* bezeichnet, und es bedarf des Nachweises nicht, dass die Gesammtheit jener nicht wohl aus Allodialherrn bestehen konnte.

3) Im Jahre 1203 wird zwischen Hugo von Pierrepont und dem Grafen von Loen ein Lehnsvertrag abgeschlossen *Cleri, baronum, nobilium, ministerialium consensu* (Louvrex IV. 235). Zum Schluss bei der Zeugenangabe werden nach den *nobiles* eine Reihe von Leuten aufgeführt mit der Bezeichnung *homines de casa dei;* hier wird also offenbar der Ausdruck identisch mit *ministeriales* gebraucht.

Homines de casa dei und *ministeriales* überhaupt als gleichbedeutend zu fassen, werden wir jedoch durch die unter 2. aufgeführte Stelle verhindert.

Einer Lösung nähert uns die Bemerkung, dass dieselben Namen, die noch im 14. Jahrhundert angesehenen Rittergeschlechtern angehörten, bei Zeugenangaben des 11. und 12. Jahrhunderts als *homines de familia ecclesiae, de familia ecclesiastica*, in der ersten Hälfte des 13. Jahrhunderts als *homines de casa Dei* bezeichnet wurden.

Nach Aufführung der *clerici* und der *laici nobiles* werden genannt:

1096: *de familia ecclesiae*: *Lambertus de Hoyo, Theodericus de Ponte. Albertus de Offei, Bovo de Bavechen*. (Miraeus I. 364.)

1116: *de ecclesiastica familia*: *Johannes de Holenole, Utricus de Tectis, Albertus de Offey, Sofridus de Foro, Gerardus de Jemeppia, Walterus de Hoyo, Walterus de Tresonia*. (Schoonbr. No. 6.)

1124: *Theoderius de Ponte. Wedericus de Prato, Avelinus, Lambertus de Hoyo et Arnulphus frater ejus, Albertus de Villier et Theodericus frater ejus et alii multi*. (Miraeus I. 277.)

1131: *de familia beati Lamberti*: *Theodericus de Ponten, Wedericus de Prato, Lambertus et Arnulphus de Hoio, Albricus de Vileir.* Miraeus I. 94.)

1177: *de familia beati Lamberti*: *Theodericus de Parato, Guedericus frater ejus*. (Miraeus II. 1183.)

1178: *de familia ecclesiae nostrae*: *Theodericus de Prato, Wedericus frater ejus, dapifer noster, Bodo de Hosemont, filius ejus Godefridus*. (Miraeus II. 1183.)

1204: *de familia: Lambertus de Hoio, Rasso de Warfeseies, Gerardus de Hosemont cum filiis suis, Hellinus de Vile cum fratribus suis, Liebertus de Lesski, Rigaldus de Lesski, Warnerus de Nivella.* (Reiffenberg: Monuments pour servir à l'histoire des provinces de Namur etc. I. 19.)

1203: *de casa Dei: Bodo de Hozaimont, Warnerus de Nivelle, Gerardus de Hosaimont, Libertus de Fealme, Lambertus de Hoyo, Libertus et Rigaldus de Lessy, Fastrardus de Hemricourt.* (Louvrex IV. 235.)

1224: *praesentibus hominibus de casa Dei: Johanne de Geneffe, Bastiano de Villeir, Theoderico de Serain, Theoderiço de Momelette.* (Lib. cart. 177.)

1227: *(in presentia) hominum casae Dei: Arnoldi de Bialfort, Balduini de Geneffe, Fastradi de Hemricourt, Wilelmi de Hosenmont, Petri de Thenis, Godefridi de Scoves marescalci.* (Lib. cart. 339.)

Es bedarf nur eines flüchtigen Blicks in den Miroir des nobles von Hemricourt, um zu erkennen, dass die meisten der angeführten Namen auch noch im 14. Jahrhundert von den berühmtesten Ritterfamilien getragen wurden; die *Ouffet, des Pres, Lexhi*, insbesondere die *Warfuseies* und die *Hosemont* stehen dabei in erster Linie.

Um nun den späteren Ausdruck *homines de casa Dei* zu verstehn, gilt es vor Allem, über den früheren: *familia ecclesiae* zur Klarheit zu gelangen. Es muss dabei zunächst constatirt werden, dass dieser keineswegs ausschliesslich für die Hörigen der Kirche gebraucht wird. Im Jahre 1188 bestätigte Clemens III. den Domherrn das Privileg *de canonicis nonnisi liberae conditionis ibidem instituendis vel de libera ejusdem ecclesiae familia, sicut hactenus justis modis observatum est* (Bulletin de l'Inst. archéol. Liégois V. 289). In einer Urkunde von Innocenz III. heisst es: *familiam ecclesiae, quae libertate speciali gaudebat, in gravem servitutem redegit* (vgl. Lib. cart. 116). — Heinrich II. hatte den Bischöfen von Lüttich die Jurisdiction über *ingenui* und *servi* auf den Besitzungen der Kirche und im Umkreise derselben übertragen (Chap. I., 213): dem entsprechend bedeutet *libera familia* die freigebliebenen oder auch wohl die freigewordenen Angehörigen des kirchlichen Territoriums; *familia* überhaupt bezeichnet im weitesten Sinne die Hintersassen des Stifts.

Aus der Zahl der letzteren stammen auch die Ministerialen, die in den obengenannten Urkunden im Gegensatz zu den vorher aufgezählten Adligen *nobiles* (*liberi* im engern Sinne) als zur *familia ecclesiae* gehörig hervorgehoben werden. Ein besonderes Rechts- und Standesverhältniss ist damit an sich nicht bezeichnet, da der Ausdruck *familia* eben keinen Aufschluss darüber gibt, ob die betreffenden Ritter freier oder unfreier Herkunft waren. Werden nun später dieselben Ministerialen als *homines de casa Dei* aufgeführt, so erscheint das zunächst nur als ein anderer Name für dieselbe Sache. Doch ist bemerkenswerth, dass gleich in der ältesten Stelle, in der wir die neue Bezeichnung finden, in dem Lütticher Freibrief von 1208, zur Classe der Freien gehörige *homines de casa Dei* genannt werden: *Si alicui libero homini ad faciendam legem suam unus aut duo liberi homines defuerint, bene licebit civibus Leodiensibus cum eo et pro eo jurare, si tamen de casa Dei fuerit.* Den Bürgern von Lüttich wird als Privileg zugestanden, den *liberi homines*, die zur *casa Dei* gehörten, als Zeugen und Eideshelfer dienen zu können. Es kann damit nur auf die Ministerialen gedeutet sein. Ob alle Ministerialen schon damals zur Zahl der freien Gotteshausleute gezählt wurden, lässt sich freilich nach jener Stelle allein nicht entscheiden; wahrscheinlich ist es. Die Vermuthung liegt nahe, dass, wenn im 13. Jahrhundert die Benennung *homines de familia ecclesiae* im engeren Sinne für hörige, kopfzinspflichtige Leute ihre Anwendung findet[1]), die Bezeichnung *homines de casa Dei* im Allgemeinen eine Zugehörigkeit zur Kirche — nicht aber eine persönliche Abhängigkeit — andeuten sollte. Die veränderte Benennung der Ministerialen mag vielleicht mit einer veränderten Rechtsstellung zusammenhängen. In der Grafschaft Namur wurden die Ministerialen im Jahre 1212 von der Leistung des Besthaupts freigesprochen, weil diese der Würde des Ritterordens nicht angemessen sei.[2]) Im Lüttichschen hat das Gleiche vielleicht schon früher Statt gefunden. Ist auch die oft wiederholte Nachricht, der zufolge

---

[1]) L. Archiv, vgl. Schoonbroodt No. 285: *proposuerunt, primogenitores suos ab antiquo fuisse et se et posteritatem suam esse de familia ecclesiae nostrae, ita quod eorum quilibet utriusque sexus annuatim quatuor denarios Lovanienses de capite suo solvit et in obitu suo unicum de jumentis vel aliis rebus mobilibus suis melius, quod relinquit* — — (vom Jahre 1265).

[2]) Miraeus I. 297.

Bischof Albero die *mortua manus* innerhalb seiner ganzen Diöcese aufgehoben, in dieser Allgemeinheit entschieden unrichtig[1]); so dürfen wir doch die Vermuthung aufstellen, dass für die Ministerialen eine solche Befreiung schon im 12. Jahrhundert eingetreten war. Im Laufe des 13. Jahrhunderts werden sie den Vasallen mehr und mehr gleichgestellt, und die Bezeichnung *de casa Dei* diente damals wohl nur noch dazu, den Charakter der Landsässigkeit hervorzuheben und sie dadurch von den freien Herrn zu unterscheiden. Wenn bei der Uebertragung von Burgen der Kirche an Castellane mehrfach vom Capitel besonders ausbedungen ward, dass die betreffende Burgmannschaft nur als Lehen an *homines de casa Dei* gelangen dürfe, wenn Balduin von Geneffe 1229 bei Empfang der Castellanie von Warême versprechen musste, dass derjenige seiner Söhne, den er zum Erben seines Lehens bestimme, eine *femina de casa Dei et Lamberti* heirathen solle [2]): so wünschte man eben zu verhindern, dass die wichtige Stellung eines Burgmanns etwa durch Erbgang an Familien käme, die ausserhalb des Stiftsgebiets ansässig, keiner weiteren Controle von Seiten des Bischofs und seiner Kirche unterlagen. Bei jener Anordnung des Capitels lag augenscheinlich dasselbe Motiv zu Grunde, das unter veränderten Verhältnissen im 14. Jahrh. die Gesammtheit der Landstände veranlasste, darauf zu dringen, es sollten über die Burgen und Festungen gesetzt werden *Castellain de bonne estat delle nation de Pais et aient dedens le pais leurs biens, proismes*

---

[1]) Die Berichte bei Math. de Lewis pg. 51, im Chronicon Gemblacense fol. 28, in der Chron. von Tongerloo pg. 47, im Magnum Chron. (Belg. Pistorius III. 153) u. a., die in ihrem Inhalt vollständig, zum Theil auch dem Wortlaut nach übereinstimmen, sind ohne Zweifel auf einen einzigen Bericht zurückzuführen. Der legendenhafte Charakter desselben ist unverkennbar. Auch fehlt es nicht an mancherlei Anzeichen, dass das Besthaupt im Lüttichschen mancher Orten bis in's 13., ja selbst bis in's 14. Jahrhundert fortbestanden hat. Vgl. ausser der oben angeführten Urkunde des L. Archiv (Schoonbr. Nr. 285) die Urk. Adolfs von der Mark (Lib. cart. 608), in welcher er den Bewohnern von Ciney im Jahre 1321 verspricht *de quitteir les morteemains et demouranckes de dit ban*. — Auch *catallum* in dem Lütticher Privileg von Bischof Albert kann nur als Besthaupt aufgefasst werden, wie *melius cathelum* in der Urk. Miraeus I. 297, wie *cateil* in den Urkunden des L. Archivs, Schoonbr. No. 6 b. und c. (Der Vogt bedingt sich in einigen Dorfschaften des Capitels die Hälfte aus „— *de claims, de plais, de catheis, de debte, d'iretage, de cens ou de rentes et de toutes les amendes, les droitures, qui escherront*.e) Vgl. auch Reiffenberg: Monuments I. 107.

[2]) L. Archiv, Schoonbroodt No. 73 und 265.

et amis et soient teils, que ons les puist resuire, si ils faisoient rins contre l'Eglise et Pais delle Evesque. Die Gotteshausleute des 13. Jahrh. entsprechen den Landsassen des 14. Jahrh.

Für Ministerialen kommt der Ausdruck *homines de casa Dei* gegen Mitte des 13. Jahrhunderts ausser Gebrauch. Dass er noch im 14. Jahrh. für die Lütticher Bürger seine Anwendung findet, ist schon erwähnt; auch hier deutet er kein specielles Rechtsverhältniss, sondern nur im Allgemeinen eine gewisse Schutzgewalt der Kirche an.

Höchst auffallend ist nun die Erscheinung, dass schon gegen Ende des 13. Jahrh. die entsprechende romanische Form *hommes de cise Dieu* in der ganz abweichenden Bedeutung von Allodialbesitzern in Anwendung kommt. Auch hier vermögen wir an Stelle einer sicheren Erklärung nur eine Vermuthung zu geben. Es fragt sich, woher stammt der Allodialbesitz des Landes? Das gesammte Territorium von Lüttich war zusammengesetzt aus Gütern, deren Grund und Boden der Kirche geschenkt oder aufgetragen war, und aus solchen, welche der Schutzherrschaft des Stifts unterlagen und somit gleichfalls den Charakter eines freien Eigen verloren hatten. Erscheint also gegen Ende des 13. Jahrhunderts innerhalb des Lütticher Territoriums wieder eine grössere Reihe freier Liegenschaften, so ist anzunehmen, dass diese nur ganz allmälig der Grundzinsen und anderen dinglichen Lasten ledig geworden; und die Bezeichnung des Gerichtshofes, vor welchem die Güterauftragungen, Kauf und Schenkungen Statt fanden, so wie die alte Tradition, dass der Erzpriester die bei solchen Acten ausgestellten Urkunden zu besiegeln hatte[1], erinnerte an ein Obereigenthum des Stifts oder doch an ein Abhängigkeitsverhältniss der Grundbesitzer von der Kirche zu einer Zeit, da das belastete Gut bereits zum Allod, der Inhaber desselben zum freien Eigenthümer geworden war.

---

[1] *»Et useront en leur offische d'onc common suel avec le sael del archeprestre de Liege, qui d'antiquiteit at useit de telles lettres a satileir.«* Louvrex I. 367, Chronique de Jean de Stavelot (ed. Borgnet) pg. 63.

Zweiter Excurs.

Karl IV. und die Schlacht bei Vottem.

Wir erwähnten oben Seite 28 kurz die Parteinahme Karls IV. für den Bischof Engelbert, als dieser im Streit mit den verbündeten Städten seiner Landschaft lag.

Wir gehen auf die Berichte über dieses Einschreiten des deutschen Königs etwas ausführlicher ein, weil sie einerseits ein eigenthümliches Beispiel abgeben von der Bildung und Verbreitung historischer Sagen und anderseits Gelegenheit bieten, Karl IV. von einem Vorwurf zu befreien, der — wenn er historisch begründet — in nicht rühmlicher Weise an seinem Angedenken haften würde. Da sich die Städte Lüttich und Huy gegen Engelbert von der Mark im Jahre 1346 erhoben, begab sich dieser zu Karl von Luxemburg, der gerade von einem Theil der Kurfürsten zum König gewählt, sich in Begleitung einer ansehnlichen Schaar von Rittern auf dem Wege nach Aachen befand. Engelbert bat ihn, zu dem Termin (d. 18. Juni), für welchen er die Lütticher nach Vottem vor das Gericht der Schöffen geladen, mit ihm daselbst zu erscheinen. So weit stimmen die meisten uns überlieferten Berichte überein. Da nun aber die Bürger von Lüttich und Huy noch vor jenem Termin die Ortschaft Vottem besetzten und am 19. Juni dem Bischof eine Niederlage beibrachten, bei welcher der Herr von Valkenburg und viele Ritter der Grafschaft Berg den Tod gefunden; so entstand die Ueberlieferung, der König der Deutschen sei mit allen den ihn umgebenden Herren und Fürsten von der aufständischen Bürgerschaft besiegt oder doch zur Flucht veranlasst worden. Die Chronik von St. Trond (Pertz SS. X. 425) meldet, Karl, sein Vater Johann und die sie umgebende Schaar von Grossen hätten anfangs sicher auf den Sieg vertraut, dann aber nach dem ersten Erfolg der Lütticher das Schlachtfeld geräumt und das Weite gesucht.

Fast alle gleichzeitigen und viele spätere Geschichtswerke der Niederlande und des übrigen Deutschlands reden von diesem Unfall des erwählten deutschen Königs [1]; ja selbst der Schweizer Johann von Winterthur [2] und Villani [3] gedenken der Theilnahme Karls an der Niederlage des Lütticher Engelberts. Am schlimmsten erscheint die Sache bei Mathias von Neuburg [4], der seinen Bericht mit den Worten *Carolus autem cum Imperialibus armis fugiens de conflictu etc.* beschliesst. Der Lübecker Dettmer (pg. 260) bringt Karls vermeintliches Missgeschick in Lüttich mit seinen weiteren Schicksalen im Reich in Verbindung: *De (biscop) orloghede do mit sinen steden ludeke, hoye unde dyenand; deme biscope hulpen karl des koninghes sone van behemen unde vele andere vorsten unde heren. De toghen vor ludeke, dar wart en grot strid; den seghe de heren vorloren. Dar warde slaghen de greve van valkenborch unde andere heren unde riddere vele, de koning karl van beheme vil kume quam van dannen. Do sprak manich man, hedden de heren seghe vochten, so wollen se na willen des paveses den karle van behemen hebben sovorde bracht to aken uppe den stol, dar he scholde werden der romere koning.*

---

[1] Vgl. Jan de Klerk, den gleichzeitigen brabantischen Chronisten, der die Schlacht bei Vottem als einen grossartigen Erfolg der verbündeten Städte preist (publ. par Willems I. 571 ff.):

*Die biscop wert alsoe beraden
Dat hi Ludic woude scaden,
Ende vercrecch doer toe meneghen man,
Die in sijnre hulpen daer quam an,
Dat was die coninc van Behem,
Ende sijn outste sone met hem,
Die tier tijt in ware dinc,
Woude sijn Almaensche coninc — — —
Ten eersten dat dit was ghedaen* (nachdem der Herr von
Trac die biscop henen saen;   Valkenburg erschlagen,)
*Ende al die met hem quamen
Trocken achterwaert tesamen etc.*

Vgl. auch Dynteri Chron. II. 642; und Corp. Chron. Flandriae III. 169 (an letzterer Stelle wird jedoch nur Joh. v. Böhmen und sein Gefolge, Karl aber nicht ausdrücklich erwähnt).

[2] Joh. Vitodurani Chron. (ed. Wyss 234) [cives] *conflictum cum hostibus ineuntes et eis praevalentes miliciam bonam in aliquanta multitudine novi regis prostraverunt* etc.

[3] Villani: *E col rescovo fu della gente di messer Carlo eletto re de' Romani et chi disse, che vi fu in persona — — — e fuori della citta di Legge fu tra loro grande battaglia tutto che no fosse campale ne ordinata* (Muratori XIII, 943).

[4] Matthias Neoburg unter dem Namen Albert's von Strassburg bei Urstisius German. histor. illustr. II. 136.

Zur Widerlegung aller dieser Berichte sind jedoch die weiteren Bemerkungen Hocsems (Chap. II. 482 ff.) vollständig ausreichend. *Dicitur autem communiter, quod Episcopus habuerit plures equites in adjutorio suo quam rex Angliae, quando regem Franciae invasit, quodque habuit secum ultra 7 millia equitum.* Es heisst dann, der König und die ihn umgebenden Grossen seien am bestimmten Tage allerdings in Vottem erschienen, *qua die venerunt ibidem — —*; doch fügt er schliesslich hinzu *qui in bello minime descenderunt*. Das Zeugniss Hocsems, der in jenen Tagen vermuthlich in Lüttich zugegen war und seinen Bericht nur kurze Zeit darauf aufzeichnete, ist um so glaubwürdiger, da er andere Ueberlieferungen, die über diese Vorgänge schon jener Zeit entstanden, ausdrücklich zurückweist. Die deutschen Chronisten Rebdorf (Freher-Struve I. 626) und der Truchsess von Diessenhoven (ed. Höfler, pg. 9) stimmen mit ihm im Wesentlichen überein, sie ergänzen ihn zugleich, indem sie das Nichteingreifen Karls näher begründen, der erstere mit den Worten: *cum praedictus novus rex in adjutorium Episcopi descenderet, ante adventum suum bellum commissum est inter ipsos*; der zweite: *rex Carolus licet prope esset, non interfuit, cum bellum indictum non esset per eum.* Von diesen Angaben verdient die letztere wieder mehr Glauben, als die erstere, da sie mit Hocsems *qua die venerunt ibidem* sich in besserem Einklang befindet.

Es erhellt zur Genüge, dass eine Theilnahme Karls an der Schlacht nicht Statt fand, ja dass nicht einmal von der Absicht einer Betheiligung bestimmt geredet werden darf.

Es lag daran, dies gelegentlich zu betonen, weil die Lütticher Historiker fast ohne Ausnahme den Bericht von der Niederlage und Flucht des deutschen Königs und seiner 7000 Ritter immer auf's neue vorführen. Unter den deutschen Geschichtsschreibern hat freilich schon Pelzel (Gesch. Karl IV., Bd. 1. pg. 134) jene Tradition zurückgewiesen, aber ohne Bezug auf die Lütticher Quellen, indem er sich begnügt, den ganz fabelhaften Bericht Theoderichs von Niem durch die halbwahre Angabe Rebdorfs zu verbessern. Schötter (Joh. von Böhmen, Bd. 2. pg. 254) erzählt noch: „Karl IV. und sein Vater Johann unterstützten Engelbert im Kampf gegen die Städte des Stifts in der Schlacht bei Vothem und wurden in dessen Niederlage verwickelt."

Druck von Carl Reese in Hamburg.

Der Leser möge folgende Druckfehler nachsichtigst verbessern:

Seite 10 Z. 9 von unten lies *comitatus* st. comitiatus.
„ 12 Z. 2 von oben ist nach *Gebiete* ein Komma zu setzen.
„ 15 Z. 6 v. u. lies *freien* st. reien.
„ 17 Z. 11 v. o. l. *Wie wenig der Kaiser* st *Wie wenig derselbe*.
„ 21 ist in den Anmerkungen wiederholt æ in œ verdruckt; es ist Z. 19 v. u. *præpositus*, Z. 18 u. 5 v. u. *prædictæ*, Z. 14 u. 2 v. u. *præmissa* und *præmissis* zu lesen.
„ 31 Z. 16 v. u. l. *Beamten* st. Beamte.
„ 36 Z. 16 v. o. ist nach *1071* der Punkt zu tilgen.
„ 37 Z. 16 v. u. l. *bei dem Aussprechen* st. das Aussprechen.
„ 37 Z. 12 v. u. l. *Ende* st. Eude.
„ 38 Z. 7 v. o. l. *judicium pacis* st. judicum pacis
„ 45 Z. 2 v. o. l. *Macht* st. Kraft.
„ 47 Z. 8 v. o. l. *Beamten* st. Beamte.
„ 47 Z. 1 v. u. l. *miseratione* st. misericordiæ.
„ 51 Z. 5 v. o. l. *denselben* st. demselben
„ 52 Z. 11 v o l. *in seiner Obhut* st in ihrer Obhut.
„ 53 Z. 14 v. o. ist nach *capituli* der Punkt zu tilgen.
„ 63 Z. 7 v. u l. *einem* st. einen.
„ 67 Z. 14 v. u. l. *dieselben* st. dieselbe.
„ 72 Z. 14 v. u. l. *seines* st. ihres.
„ 75 Z. 3 v. o. l. *selbständig* st. selbtändig.
„ 84 Z. 13 v. u. l. *städtischen* st. städtichen.